历史的丰碑

丛书

宗教改革的杰出领袖
马丁·路德

张 静 编著

吉林人民出版社

图书在版编目（CIP）数据

宗教改革的杰出领袖——马丁·路德 / 张静编著.
--长春：吉林人民出版社，2011.4（2021.8 重印）
（历史的丰碑丛书）
ISBN 978-7-206-07613-8

Ⅰ.①宗… Ⅱ.①张… Ⅲ.①马丁·路德（1483～
1546）—生平事迹—青年读物②马丁·路德（1483～1546）
—生平事迹—少年读物 Ⅳ.① B979.951.6-49

中国版本图书馆 CIP 数据核字 (2011) 第 037569 号

宗教改革的杰出领袖　马丁·路德
ZONGJIAO GAIGE DE JIECHU LINGXIU　MADING·LUDE

编　著:张　静
责任编辑:郭　威　　　　封面设计:孙浩瀚
制　作:吉林人民出版社图文设计印务中心
吉林人民出版社出版 发行(长春市人民大街7548号　邮政编码:130022)
印　刷:北京一鑫印务有限责任公司
开　本:787mm×1092mm　1/16
印　张:8　　　字　数:72千字
标准书号:ISBN 978-7-206-07613-8
版　次:2011年4月第1版　印　次:2021年8月第2次印刷
定　价:35.00元

如发现印装质量问题,影响阅读,请与出版社联系调换。

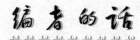

编者的话

　　"欲知大道，必先为史"。

　　回溯人类的足迹，人们首先看到的总是那些在其各自背景和时点上标志着社会高度和进步里程的伟大人物。他们是历史的丰碑，是后世之鉴。

　　黑格尔说："无疑，一个时代的杰出个人是特性，一般说来，就反映了这个时代的总的精神。"普希金说："跟随伟大人物的思想是一门引人入胜的科学。"

　　以史为鉴，面向未来。作为21世纪的继往开来者，我们觉得，在知史基础上具有宽广的知识结构、开阔的胸襟和敏锐的洞察力应是首要的素质要求，而在历史的大背景中追寻丰碑人物的思想、风范和足迹，应是知史的捷径。

考虑到现代人时间的宝贵，我们期盼以尽量精短的篇幅容纳尽量丰富的信息，展现尽量宏大的历史画卷和历史规律。为此，我们编撰了这套丛书。

编撰丛书的过程，也是纵览历代风云、伴随伟人心路、吸收历史营养的过程。沉心于书页，我们随处感受着各历史时期伟大人物所体现的推动历史进步的人类征服力量。我们随着伟人命运及事业的坎坷与辉煌而悲喜，为他们思想的深邃精湛、行为的大气脱俗而会意感慨、拍案叫绝。

然而，在思想开始远游和精神获得享受的同时，我们也随之感受到历史脚步的沉重和历史过程的曲折。社会每前进一步都是艰难的，都伴随着巨大的痛苦和付出。历史的伟大在于它最终走向进步，最终在血污中诞生了鲜活的"婴孩"。

历史有继承性和局限性，不能凭空创造。伟人也有血肉，他们的思想、行为因此注定了同样具有历史的局限性和阶级的、时代的烙印；他们的功业建立于千千万万广大人民群众伟大创造的基础上。历史是人民群众创造的，伟大的人物们是历史和时代造就的。同时，我们也无法否定此间他们个人的努力。这也正是我们编撰这套丛书的目的。

我们期盼着这套丛书得到社会的认同，对读者，特别是青少年读者之历史感、成就感和使命感的培养有所裨益。史海浩瀚，群星璀璨。我们以对广大青少年读者负责的精神，精心遴选，以助力青少年成长进步，集结出版了《历史的丰碑》系列丛书，敬请读者批评、指正。

编 委 会

策　划：　胡维革　吴铁光

　　　　　林　巍　冯子龙

主　编：　胡维革　邢万生

副主编：　贾淑文　谷艳秋

编　委：　（按姓氏笔画为序）

　　　　　于二辉　刘士琳

　　　　　刘文辉　孙建军

　　　　　李艳萍　吴兰萍

　　　　　杨九屹　隋　军

马丁·路德是16世纪著名的宗教改革家、杰出的语言学家、诗人和教育家。他生活于天主教统治的时代，在那个时候，人们一旦成为所谓异端，就会被活活烧死。然而路德却置生命危险于不顾，大胆提出改革思想，从而引发了一次声震全欧的宗教改革运动。这场运动造成基督教历史上的第二次大分裂（第一次是天主教与东正教从基督教中分裂出来），使以路德宗等为三大主流的新教与天主教和东正教并存于世。新教从根本上否定了教皇和教会的神圣权威，剥夺了其政治、经济和思想的统治权，倡导人人可以凭借真诚的信仰而自我拯救，从而解除了中世纪教会加在人身上的重重束缚，为思想、言论的自由开辟了新的天地，为早期资本主义的发展提供了一个相对自由、宽松的环境。

目　录

青少年时期

> 人之初生，不食则死；人之幼稚，
> 不学则愚。
>
> ——王夫之

　　1483年11月10日，马丁·路德出生于德国北部的埃斯勒本。这是一座盛产铜矿的小城。像许多人一样，马丁的父亲汉斯·路德受着铜矿的诱惑，于1483年春携妻来到这里。然而在这儿的生活并不如想象的那样顺利，于是，在马丁出生后6个月，路德一家迁往曼斯菲尔德。

　　在曼斯菲尔德，汉斯依旧做一名矿工。随后的几年，马丁添了3个弟弟和4个妹妹。尽管汉斯在矿上工作得很出色，但大家庭的生活却很艰难，在马丁整个的成长过程中，家里一直过着节俭的生活。马丁从小就懂得了生活的艰辛。许多年后，汉斯开办了一座小型冶炼厂，生活才有所好转。

　　马丁的父母都是极普通的人。父亲为生计所迫，精打细算；母亲像当时许多人一样，相信魔鬼的存在。

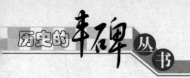

他们正直、善良、勤劳，信仰基督，这种品格深深地影响着马丁。

1488年，马丁进入曼斯菲尔德的拉丁学校，开始在那里学习算术、写字、唱歌和拉丁文入门。学校采用一种近乎野蛮的方式教育学生。路德在后来的自传中说"像地狱和炼狱来折磨我们"。体罚被认为是最有效的教育方法。学生犯了错误，没有温柔和蔼的教导，而只有各种各样的体罚。最常用的体罚是鞭挞。教师在课堂上手里拿着一条具有双重用处的教鞭：既可用来做教具以指示黑板，指点学生，又可用来作为惩罚的工具，学生没有注意听讲、说话、打瞌睡、回答不

←中世纪建筑

上来问题，都可能遭到鞭鞑。有一天，路德在一个上午之内就曾连续被鞭鞑15次之多。

对儿童的野蛮式教育不是曼斯菲尔德拉丁学校所特有的，而是整个中世纪的特点。成人们相信，孩子是没有理性的小动物，言语劝导不能去除他们生活的恶习，只有惩罚肉体才可能让他们改掉坏毛病。马丁的父母也同样相信棒子的威力。有一次他犯了一点小错误，父亲就把他痛打了一顿，母亲对他也同样严格。由于这种严厉的管教，少年的路德一度变得非常胆怯。后来，他回忆起童年时期的生活，认为那是一个充满恐怖的时期。

→马丁·路德

在这样一个经常被打，恐怖、惊骇和苦恼常常伴随着的环境中，马丁逐渐地长大了。

1497 年，汉斯把马丁送到了马格德堡的共生兄弟会主办的一所学校。马格德堡是一座远远大于曼斯菲尔德

←埃森纳赫

的城市，在当时，它比科隆、巴黎都要大。它以大教堂为中心向外延伸，四周是城墙和壕沟。这里的手工业和贸易都很发达。汉斯把马丁送到这里，目的是让他开阔眼界，学习更多的知识，将来能跻入上层社会。

　　一天，马丁走在马格德堡宽阔的街道上，突然看见盛大的游行队伍，他们举着蜡烛和圣像。有人用银棺材装着圣徒遗物：圣母玛利亚的乳汁、圣弗朗西斯的礼帽、圣彼得的鞋子。队伍中，圣莫里斯的旗帜迎风招展。马丁跟随着游行队伍来到大教堂广场，信徒们纷纷跪下虔诚地祈祷。这是守护神日的前一天。马丁有生以来第一次见到这样盛大的场面，当时的情景令他永生难忘。

　　一年后，汉斯由于经济拮据，不得不把儿子转送到埃森纳赫，说好由汉斯的亲戚供给马丁食宿。然而亲戚非常贫穷，自身的饭食都无从着落，更无法供养马丁。马丁只好作为"求布施者"四处乞讨。他走家串户，用他那圆润的歌喉在人家门前唱上一两首歌，以获取一块面包。有时，他也到教堂里唱赞美诗。马丁的歌唱得很动听。

在圣乔治教区的中学，马丁用3年时间完成了自己的学业。课程是分三个阶段进行的。第一阶段是入门，教材是拉丁文启蒙课本，学生每天要学会两三个字，后来学习句子、诗歌，并开始练字。修完一级课程后，便开始学习变格、变位和拉丁语修辞。第三年，则是用亚历山大学派的课本彻底钻研修辞。

→圣彼得像

在埃森纳赫，马丁不仅学到了知识，而且初步接触了社会。

有一段时间，马丁成为商人海因里希·沙尔贝家的食客，他做沙尔贝儿子的辅导教师。沙尔贝属于新兴贵族阶层，其社会地位远远高于马丁的父亲，其生活方式也与马丁所熟悉的节俭作风迥然不同，这给马丁留下了很深的印象。

← 中世纪的国王一家画像

在埃森纳赫，他也经常接触到农民。他看到他们贫困不堪，为了生活而挣扎着，但他们却又是那样的顺从。同一个城市贫富差距竟如此悬殊。

1501年，18岁的马丁中学毕业。4月，他走进了爱尔福特大学的校园。

爱尔福特在当时是神圣罗马帝国的第六大城市，居于贸易要道的交叉处。教会和世俗贵族都想拥有这座重要城市的统治权，争夺的结果是由美因茨大主教与萨克森选帝侯共同分享，然而他们的矛盾并未根本解决。这里的商业贸易很发达，但新兴的贵族却没有政治上的权力，他们对旧贵族、对教会日益不满。城市笼罩着一派紧张的气氛。

爱尔福特大学是一座声望极高的学校，人们从遥远的地方来到这里求学，学生注册人数远远超过莱比锡大学。学校要求极为严格：每天清晨4点起床，8点就寝；任何时候学生都不得进入公共酒店、名声不好或可疑的场所；任何人不得携带武器；不得敞开衣服或穿着过短在街上行走；宿舍里只能用拉丁语交谈；不能随意阅读书籍，除非教师批准。所有的规定学生必须遵守，否则就会被开除学籍。

马丁在严格纪律的约束下，开始了他在人文科学系的学习。他努力地学习所有的科目：文法、辩证法、修辞学、算术、几何、音乐和天文学。

像中世纪所有的大学一样，经院哲学统治着爱尔福特大学。这种哲学是中世纪的产物，根本任务是为

→神圣罗马帝国钱币

天主教的教条和教义作论证，使其系统化和哲学化。其总的特点是否定理性、抬高信仰、提倡盲从，贬低甚至否定现实的人生意义和价值，力图把人们引向"天国"，听命于"上帝"。

←萨克森文物

由于受到文艺复兴的影响，当时爱尔福特大学同时还流行另外一种与经院哲学相对立的思潮：人文主义。人文主义起源于意大利，它主张"人道"，反对"神道"，反对封建束缚与宗教禁欲。在爱尔福特大学，聚集着许多人文主义者，其中比较重要的有：戈塔的主教康拉德·莫特、约翰内斯·耶格尔和格奥尔格·施帕拉廷。施帕拉廷后来成为萨克森选侯的枢密顾问，路德的朋友。他们在这里研究宗教、道德和哲学问题。他们否认教皇和教会的权威，嘲笑僧侣的愚昧无知，崇尚人的自然本性，猛烈抨击经院哲学。

马丁在学校如饥似渴地学习。他认真地听课、做练习，参加学校辩论会。在辩论会上显示了对答如流的才能，能在长时间辩论中压倒对方，因此，同学们给他起了个绰号叫"哲学家"。

　　他钻研经院哲学，同时也接触人文主义思想。对他影响最大的是经院哲学家威廉·奥卡姆的"唯名论"。奥卡姆是当时最现代的理论家，他的思想远远超出了经院哲学的传统。他提出信仰与理性必须明确分开，信仰不能使理性完善化，理性也不能用来证明信仰。在神学中，信仰是唯一可靠的真理，即使用理性证明某些教义是矛盾的。在其他领域，则必须求助于理性和知识。

　　路德后来大部分秉承了奥卡姆的观点，但也有某些不同意见，奥卡姆认为人可以依靠自己的力量来执

←马丁·路德纪念币

行上帝的使命，而路德则坚持必须有上帝的恩典，人才能得救。

路德的努力很快有了结果，1502年秋天，他通过学士学位考试，成为人文科学学士。以后，他继续留在大学，边讲课，边攻读硕士。1505年，路德获得了硕士学位，在17名考生中名列第二。

← 德国文艺复兴大师荷尔拜因的人物像

路德的父母得知儿子取得如此成绩，欣喜若狂，他们梦寐以求的就是路德成为人上人，现在这个梦想就要变成现实了。在给路德的信中，汉斯怀着敬畏的心情以"您"来称呼儿子。

出色的成绩，完全可以使路德满足父亲的愿望：继续留在爱尔福特大学任教，同时攻读法学博士学位。然而，四个月后，路德放弃了这一切，他"离弃了父母、朋友、亲戚，并完全违反他们的愿望进入了寺院"。路德决心做一名教士。

威廉·奥卡姆

　　威廉·奥卡姆是英国学者。约1285年生于萨里；1349年卒于德国慕尼黑。奥卡姆（被称为无敌博士）曾加入方济各会修士会，在牛津大学学习，从1315年到1319年在牛津任教。他是中世纪最后一批学者之一。他领导了反对阿奎那观点的论战。奥卡姆认为神学主要是一种信仰而不是说理。由此而更为甚者，因为他反对罗马教皇约翰十二世的审判。他后来脱逃并受到神圣罗马皇帝路易斯四世的保护，因为路易斯四世在政治上强烈反对罗马教皇，自然对任何反罗马教皇的学者表示好感。路易斯死后，奥卡姆谨慎地与教会言归于好了。奥卡姆反对柏拉图介绍的"一般概念"，此概念就是思想中的事物是唯一真正的现实，而直觉能感觉到的客观事物倒是思想中事物的不完全的反映。奥卡姆认为，这些思想中的事物是抽象的，只是些名称（因此在哲学上称之为唯名论），而且他认为只有感觉到了的东西才是真实的。因为一般概念论者为了使他们的理论能说明问题，不断地给他们思想中的事物加上越来越多的条款，而奥卡姆立下一条准则："实际存在的东西决不可不必要地添枝加叶"。这条准则今天已解释为如果在两种皆符合一切客观实际的理论中，那么要求作较少较简单假设的理论则被认为更接近于正确。今天称为"奥卡姆的剃刀"的这条准则在哲学科学中具有重大意义。

寻求得救之路

> 内心的隐痛比外界的灾难更残酷。
>
> ——伏尔泰

　　路德选择当教士的道路，是出于内心的极度苦闷。他生活于一个危机四伏的社会，爱尔福特各阶层矛盾重重，全国各地亦是如此，冲突不断发生。1502年，施派尔教区的农民以鞋为旗号举行了起义，他们不堪忍受日益加重的剥削和压迫，决定拿起武器进行反抗，以改善自己悲惨的处境。然而起义很快被残酷地镇压下去。正在上大学的路德无法理解这场运动，他也弄不明白为什么社会上贫富差距如此悬殊，最后他只有把这一切归于上帝，认为一切都是出自于上帝，上帝是世界的主宰。只有获得上帝的宽恕，才能获得永恒的幸福。

　　春天，爱尔福特一年一度可怕的瘟疫又降临了。

　　恶劣的卫生环境、不发达的医学导致了瘟疫的大面积蔓延。但是中世纪的人们并不知道产生瘟疫的根本原因，他们认为这是上帝在进行惩罚。每当这时，就出现了忏悔的狂热，人们虐待自己，祈祷、献祭、许愿、徒步去罗马朝圣，以求上帝的宽恕，饶得他们的性命。然而一切都无济于事。这时，路德的一位非常要好的朋友也死于瘟疫。死亡在当时已是极为正常的现象，然而却使路德惊恐万分，他不仅扪心自问："为了取悦于神，我能做什么？"一种莫名的巨大的畏惧感左右着他。

7月的一天，他在路上遭到了雷击，一个霹雳打在他的身上，吓得他魂不附体。路德感到一定是自己罪恶深重，上帝在惩罚他。两个星期后，他踏入了爱尔福特的奥古斯丁隐修院。这是他寻找得救的门径。

← 路德像

奥古斯丁隐修教团接纳了他。这个教团成立于1256年，具有很高的权力和威望。他们的一些教会寺院戒律森严。爱尔福特隐修院就是其中的一个。这样的寺院在当时已为数不多。有一段流行一时的话能充分说明当时寺院的状况。

"萨克森君主说：莱比锡有3件怪事，那里有3个寺院，各不相同。一个是修道院，它全年出卖粮食，但是没有耕地。另一个寺院的僧侣赤着脚，他们盖起了高楼大厦，但是没有钱。第三个寺院的僧侣穿着白衬衣，统治着莱比锡的所有神甫，生了许多孩子，却没有老婆。"

路德在寺院里的生活非常艰苦。夜里3点即被叫醒，在寒冷中颤抖着祷告、唱诗。寺院每日只有两餐饭，一顿在上午10点钟，另一顿在下午4点钟。然而斋戒日没有下午饭。斋戒日很多：每个星期五、万圣节前一周的几天、圣灰星期三、复活节。把所有的斋戒日加在一起，大约占全年的1/3。因此没过

→老鲁卡斯·克拉那赫画的路德母亲肖像

多久，路德就开始削瘦。

隐修院庄严肃穆，修
士们必须保持沉默，交谈
只能用手势。行为要谦
卑、含蓄，为此，他们必
须经常两眼下垂，双手交
叉在僧衣袖里。他们不能
忘记在规定的地点下跪，
喝水吃饭前要谢恩，要用
双手端住杯子，不能用肘
触及桌子，绝对杜绝笑。

←上帝

路德按照规定虔诚地去做一切，他过着与世隔绝
的生活。孤独的生活使路德终日惶惶不安，他唯恐自
己经不住考验。恐惧、困惑不断地折磨着他。"如何才
能得救？"这一问题又开始纠缠于他。"事功"（实行教
会规定的事务、做忏悔、捐献等）似乎无济于事，经
院哲学也只能使人越陷越深。

一天，年轻的神学者在藏书楼中徘徊，他拿起一
本书随意地翻着，突然一个令人心跳的名字映入他的
眼帘：约翰·胡司。这是一个异教徒、被施以火刑的
人的名字。书中抄写着他的演说。路德被强烈的好奇
心驱使，迫不及待地看起演说来。他想知道这位异教

徒究竟都说了什么？在胡司的演说中，他看到了这样一些观点：圣经是唯一的权威、是教义的唯一源泉，人的得救应由上帝决定，金钱不能代人赎罪，赎罪符于人无益；要恢复教会的纯洁性，教会不应占有土地、拥有特权，更不应在人间收取租金，神职人员也不应拥有产业，要取消各种繁华的宗教仪式。

"真是奇怪！"看了演说辞，路德大为吃惊，他不明白为什么这样的人会被视为异端。"他所引证的圣经多么符合基督教的道理，多么有说服力。""或许这些思想是在他成为异端之前所写。"路德用这样的理由聊以自慰。当时他还不晓得康斯坦兹会议的历史。

1412年，胡司在布道时猛烈抨击教皇约翰二十三世兜售赎罪券，引起布拉格人民的反教皇示威。罗马

→ 万圣节的南瓜

←约翰·胡司雕像

迅速反应，把胡司逐出教会，并严禁其继续活动，然而胡司并没有沉默。于是1414年，德皇西吉斯孟传唤胡司参加康斯坦兹宗教会议，并赐予帝国安全通行证，保证不会加害他。

然而，胡司到达不久，教皇便下令逮捕他。皇帝的抗议无济于事，一位红衣主教安慰皇帝说，"对异教徒不必信守诺言。"

1415年，到处都张贴着宣布胡司为异端的教皇通谕，这位瘦小的神甫则被绑在十字架上，脚下燃起了熊熊烈火。

路德匆匆走出藏书楼，他的心咚咚直跳，他感到胡司是对的。

1507年4月，路德被封为神甫。一个月后，他在奥古斯丁教堂第一次主持了弥撒。

汉斯·路德应邀参加了这次盛典。当初，马丁进入寺院，曾令汉斯大为恼火，自己所构想的宏伟计划毁于一旦，他不再用"您"称呼儿子，甚至拒绝给他"任何慈父般的宠爱和祝愿"。直到后来汉斯的两个儿子在短期内相继染上瘟疫而死，使他意识到必须与上帝"妥协"，才同意了马丁的决定。

汉斯参加这次活动时，给寺院的厨房带来了20个古尔登，并请来了20位客人。20个古尔登，足以供一个大学生在埃尔福特生活一年。

汉斯对儿子又一次充满了希望。

→ 《圣经》

1508年，路德被调往维滕贝格的奥古斯丁寺院，他要在那里新成立的维滕贝格大学讲授伦理学。

路德每周4次课，讲授亚里斯多德的辩证法和哲学，此外，还有3个晚上领导学生辩论。他自己则要学习神学。夜深人静时，路德常坐在破旧的房间里学习。

← 赎罪券

1508 年 5 月 9 日，他通过了考试，成为神学系的圣经学学士。同年，返回爱尔福特寺院，他开始研究奥古斯丁，并深化自己的希腊文和希伯来语的知识。

1510 年，路德欢欣鼓舞地踏上了去罗马的旅途。他是作为约翰·冯·梅歇尔恩的陪同到罗马朝觐。

一路风尘仆仆。年底，他们终于到了达蒙特玛丽亚山坡的加亚大道，由此可以看到罗马，山麓下有塔、半圆形的屋顶、残缺的墙、裂开的柱子和倒塌的别墅。

"神圣的罗马，向你致敬！殉道者所流的血使你变得三倍神圣。"当路德走到罗马城前时，他跪在地上这样虔诚地说。并没有看到过往的人却在暗暗地嘲笑他这个外乡人。

不久路德就发现，他要寻找的神圣的罗马已不复存在。

罗马城早已失去往日的光泽。街道狭窄且肮脏不堪，到处都是垃圾和倒塌的建筑物。城内，大多数的人都生活于贫困之中，而罗马教廷却极为腐化。教皇和高级神职人员身居豪宅、衣着华丽，出则有车马、奴仆供驱使；入则赌博、酗酒、淫乐。教皇朱理亚二世（1503—1513年在位）贪功网利，骄横跋扈，为了大兴土木，便大量搜刮民脂民膏。以前的几任教皇也腐化无度，据说，教皇英诺森八世（1484—1492年在位）统治时期，罗马6万居民中，妓女竟达6800人，英诺森八世由于生下为数众多的子女，被冠之"罗马之父"的绰号。他甚至为了赚钱而建立"赎罪"银行，高价出售对凶手和杀人犯的赦免。

教廷的这种生活不能没有钱，于是一切都与钱挂了钩，连做弥撒也不例外。一次路德参加弥撒，当他躺在圣坛前祈祷，还没有诵完福音诗时，罗马的教士

→罗马圆形大剧场

← 在马上阅兵的腓特烈二世

们则早已做完了弥撒，他们不断地向路德喊着："走吧，走吧，已完了，把圣母儿子们快些放回到圣母那里去吧！"路德做得太多了，他影响了他们的生意，这么长的时间足够3个人来完成了。

罗马令他失望。数年后他写道："基督徒愈接近罗马，就愈变坏。谁第一次往罗马去，他去找骗子；第二次，他染着骗子习气；第三次，他自己就成为骗子了。"

"很难描述，而且不可相信，那里的龌龊达到了什么地步，如果有地狱的话，那么罗马就是地狱。"

罗马之行给路德留下了难以磨灭的印象，"教会需

→英诺森八世

要改革"的思想已在他的头脑中扎了根，同时"教徒如何做，才能获救?"的问题依然令他困惑不解。

1511 年，萨克森大主教斯陶皮茨派遣路德回爱尔福特大学继续攻读神学。1512年，获得博士学位的路德被萨克森选帝侯腓特烈聘为维滕贝格大学终身教授，同时担任维滕贝格修道院副院长。1515年，图林根和迈森地区 11 个奥古斯丁寺院都归于他管辖。路德成为教团中有声望的人，这时他只有32岁。

这期间，路德在维滕贝格大学讲授《旧约全书》中的《诗篇》和《新约全书》中的《罗马书》、《加拉太书》。授课后，他经常光顾各寺院，他所管辖的寺院全都戒律森严。他自己也过着严格、制欲的生活。相比之下，其他的寺院则越来越腐败，僧侣们穷奢极欲。面对这种情况，他禁不住又一次问自己：到底怎样做才能得到上帝的赦免？自己的行为是否正确？

路德开始反复考虑教会所提出的宗教手段：赎罪符、弥撒、朝圣、捐献，这一切都值得怀疑。渐渐地他把注意力转移到圣经上。《罗马书》和《加拉太书》都指出"义人必因信得生"，路德曾上百次地读过这句话，也给学生讲解过无数次，现在，他突然明白了它的含义：基督教对上帝的信仰纯系心灵的信仰，只要教徒坚持这种信仰，即可洗尽罪孽，使其灵魂得救！答案终于找到了，路德的心豁然开朗。

接着，他提出了初步的改革建议：教会的节日要减少；教会权力要修改；取消宗教仪式的一切排场；取消斋戒日。既然人因信得生，斋戒、仪式、朝圣等等还有什么意义呢？

不久，路德又以这一信念为基础，公开反对出售赎罪符，从而引发了一场具有深远意义的宗教改革运动。

← 圣母像

胡司战争

约翰·胡司（1369—1415年）出生在捷克南部胡西尼茨村的一个贫苦家庭。他毕业于布拉格大学，1396年获硕士学位，1398年开始在布拉格大学任教。此后他进入神学院学习。1402年当选为布拉格大学的校长，并担任伯利恒教堂的神甫。1403年成为捷克王后索菲亚的解罪神甫。

他目睹了天主教会在捷克的腐败行为，决心在宗教方面进行改革。他的思想受英国宗教改革家威克里夫的影响。胡司不承认教皇的最高权威，斥责教皇兜售赎罪券的行为，认为教会应当服从世俗政权。他反对教会的特权，当时神职人员可以在圣餐礼仪中使用圣杯，而一般的教徒只能领取象征基督肉体的面包，胡司主张一般教徒也可以用圣杯领取圣餐。这个主张是胡司教派的一条基本纲领。他基本上否认了教会的中介作用，指出一个教徒不向神甫忏悔照样可以赎罪。《圣经》是最高的权威。

胡司努力宣传自己的宗教改革思想。他的活

动最初得到了捷克国王温西司拉斯四世的支持，因为国王想利用胡司派的活动来提高捷克人民的爱国热情。温西司拉斯四世甚至在1409年颁布了法令，取消外国人在布拉格大学的特殊地位，规定捷克教师在大学会议和其他的机构中占有三个席位，而德国教师只准占有一席。这对于德国人是个沉重的打击，使他们不得不离开布拉格，大学的管理权回到了捷克人的手中。恰在这时，罗马教皇约翰二十三世派人到捷克贩卖赎罪券，声称购买它之后，罪人的灵魂死后也可以升入天堂。胡司大胆揭露这种欺骗行为。他在大学的辩论会上论证买卖赎罪券是不能容忍的欺骗。胡司的宗教改革主张激起了天主教会的仇恨。1411年胡司

胡司就义

被开除教籍，1412年10月，胡司被迫离开布拉格前往捷克南部的农村。但他继续传播自己的宗教主张，并写了大量的论文来反驳敌人的攻击，大胆地揭露教会和教皇的欺诈行为。

1414年，教会在康斯坦茨召开宗教大会，要求胡司前去参加。德皇西吉斯孟德（1410—1437年）出面保证胡斯的人身安全，并发给他人身保护文书。胡司不顾危险前往参加。1414年11月3日，胡司在当地群众的欢呼声中到达了康斯坦茨。但是宗教会议根本不许他发言，就把他逮捕下狱。胡司在法庭上坚持自己的主张，对教会强加的种种罪名予以驳斥，但法庭根本不听他的申辩。1415年7月6日，法庭宣布胡司是异端，决定将他处以火刑。临刑前，胡司作了他最后的一次讲演，重申自己是无罪的。教会为了灭迹，把胡司的骨灰抛入莱茵河。

胡司死后，捷克人多次在布拉格举行集会，抗议教皇的暴行和皇帝的失信。甚至捷克的贵族会议也向康斯坦茨宗教大会提出了抗议。人们自发地掀起了反抗教会的斗争，拒绝交纳什一税，驱逐德国的教士。终于在1419年7月爆发了大规模的起义。

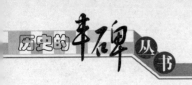

《九十五条论纲》

为真理而斗争是人生最大的乐趣。

——布鲁诺

1517年4月，帝国到处都在出售赎罪符。人们争相购买，唯恐错过机会得不到上帝的宽恕，他们害怕惩罚。

赎罪，是教会对教徒所犯罪过的减免，减免多少取决于教徒忏悔的程度。而罪过则是每个人都有的。

《圣经·创世说》记载：上帝创造了男人亚当和女人夏娃，将他俩置于伊甸园中，告诉他们除了一棵"知善恶树"的果子

←亚当和夏娃

（"禁果"、"智慧果"）之外，他们尽可享用园中所有的果子。后来，亚当和夏娃受蛇的引诱偷吃禁果，结果与上帝一样有了智慧，上帝大发雷霆，遂将二人逐出伊甸园，贬到人间。罚女人不断生孩子以受分娩之苦，罚男人成年累月在田地里干活，受劳作之苦。他俩成了人类的祖先，由于两人偷吃禁果犯下了罪，人类从此也就有了永远摆脱不掉的"原罪"。天主教宣称，人除了原罪外，一生之中还会犯骄、妒、怒、惰、贪、食、色所谓七大罪。人类可谓罪孽深重，若想死后灵魂升入天堂，生前就必须积苦功、善行、绝情去欲，以减轻罪恶，获得上帝宽恕，于是就有了赎罪之说。

十字军东征时，赎罪最为盛行，教徒们被告知，

→十字军东征油画

← 赎罪符

如果谁跟随十字军去巴勒斯坦，能够安全返回，那么它的罪过就全部获赦。后来发展到寻代罪人出征，当战争需要金钱时，捐献也可使一个人的罪过获赦。战争结束后，朝圣又成为赎罪的一种方式，成千上万的信徒来到罗马。由于罗马需要钱，于是赎罪的方式大大简化，教廷印制一种赎罪符，戴罪人买了它就可洗尽一切罪恶，再不必进行认真的悔过。早在1500年、1501年、1504年和1509年罗马帝国就先后四次出售过赎罪符，但没有一次比得上1517年的规模。

善良的人们拥挤着购买，他们不知道，这些赎罪符出自于一笔可耻的交易。

1512年2月12日，美因茨大主教乌尔里希·冯·格明根去世，24岁的阿尔布雷希特·冯·勃兰登堡接任。在此之前，这位年轻人已经是马格德堡大主教以及哈尔伯尔施塔特的行政长官。然而这却违反了教会戒规。戒规规定：主教至少需要年满30岁，而且管辖区域不得超过两个教区。但是，送往罗马的大量金币使统治者见利忘义。当选美因茨大主教后，阿尔布雷希特又从银行贷款一万古尔登，偷偷运往罗马。于是，他获得了美因茨、马格德堡和勃兰登堡三个主教区的统治权。为了偿还银行巨额贷款，同时能继续报偿教皇，阿尔布雷希特建议教皇发行赎罪符，理由是圣彼得大教堂需要修缮。不久，赎罪符便飞往全国各地。

约翰内斯·特策尔是这次大型赎罪活动中最为热心的传教士。他是多明我会的修道士，此会执掌着教会法庭及教徒诉讼等事宜，专门审查异教徒。特策尔

→圣彼得大教堂

在布道中，口若悬河，他对着信徒们说："只要买主的钱落入钱箱一响，那么他已死家属的灵魂就会从炼狱飞升天堂。""买吧，快来买吧！天堂的大门已经开了。"

1517年10月，路德在维滕贝格收到一篇对赎罪符商贩的指令性文章，文章以美因茨大主教名义签发，列举了有关赎罪符意义、功能的规定，共95条，其中有几条这样写道："如果购买了赦罪符，即使为了未来的罪孽，也毋需忏悔、悲痛或苦行赎罪了。""教皇不会愿意和圣彼得交换他在天堂的地位，因为他的赦罪比圣彼得的宣教能够救出更多的灵魂。"另外还有特策尔对教徒所说的那一句话。

　　路德对把赎罪符的功能如此夸大非常气愤，他对赎罪、对赦免有着不同的理解，他认为自己做为一名教士，不能再任事情发展下去。

　　1517年10月31日，路德和他的助手约翰·施奈德来到维滕贝格教堂，他们在教堂北门贴出了《关于赎罪符效能问题的辩论》（又称《九十五条论纲》）一文，按照当时的习惯，在教堂北门挂上论战性文章，即表示要求辩论。

　　《论纲》是用拉丁文撰写的，语气甚为和缓，路德没想对教会宣战，他甚至没有彻底否定赎罪符，他只是反对它的滥用，他要求主教、教士与教授们发表意见。

→路德张贴《九十五条论纲》

　　然而，论纲一贴出来，却引起了意想不到的反响。教堂门外聚集的人越来越多，人们看着、抄着，互相传告论纲的内容。论纲指出赎罪符对赦免毫无意义，

← 当时购买赎罪券的铁箱子

"每一个真正悔过的基督徒，即使没有赎罪符，也可要求完全赦免。"（第36条论纲）"应该教训基督徒，如果有人看见穷人而不加理睬，却去花钱买赎罪符，那么他所买的就不是教皇的赎罪符，而是上帝的愤怒。"（第45条论纲）在论及修建圣彼得大教堂时，他质问道："今天教皇的财富比最富足的人还要富足，为什么他不用自己的钱财来兴建圣彼得大教堂，而要用可怜的信徒们的钱财呢？"（第68条论纲）

论纲仿佛长了翅膀一样，两周之内迅速传遍全国，人们把它从拉丁文译成德文，4周之后，整个基督教世界都知道了路德的关于赎罪符的《九十五条论纲》。各地赎罪符的销售量急剧减少，有的地方根本无人购买，路德说出了人们不敢说、甚至根本不敢想的话，现在，他们不再怕由于不买赎罪符而遭上帝的惩罚了。相反，人们的愤怒却被激了起来。"论纲就像火花落入火药桶一样，起了点火的作用"，霎时"引起了燎原之火，整个德意志民族都投入运动了。"（恩格斯语）对社会现状及罗马教会不满的德意志社会各阶层的人都根据切身的利益来理解和解释论纲，都在论纲中寻找自己想要得到的东西。市民阶级渴求建立"廉俭教会"和统一德意志；贵族和诸侯力图挣脱罗马的羁绊、夺取教会的财产；农民和平民则把它看成起义的信号。人们都从论纲中各取所需，路德一时成为德国各种反教会

→市民们在议论路德的《九十五条论纲》

← 萨克森选帝侯文物

派团结的中心。

　　罗马意识到了事情的严重性，这不是一般的对赎罪符的批评，它不仅妨碍了赎罪符的生意、减少了收入，而且它直接威胁了教会的权力。赎罪符是教会行使的使教徒忏悔的一种权力，而今，论纲却说毋需赎罪符也可赦免，岂不等于否定了教会的这种权力。

　　1518年1月，在法兰克福召开了萨克森多明我会修士会议，会上特策尔向300多名教士散发了反驳路德的106条论纲，并派出书商将论纲带到维滕贝格散发。在维滕贝格，情绪激昂的大学生却将它们扔进了火里，有人甚至说，如果抓住特策尔，也将同样处理。

　　特策尔的论纲很快转到路德手里，论纲不仅指向路德，而且威胁了萨克森选帝侯。路德被激怒了，他立即写了《论教皇赎罪和恩赐问题说道的自由》一文反驳特策尔。在这篇文章中，路德第一次使用了形象

→ 怀抱圣子的圣母和天使及圣人

的、战斗性的语言，"我把他那些不必要的、空洞、骂人的话像纸花和薄叶一样托付给我亲爱的风，风对付这些东西的时间比我多。""这些不了解圣经，既不懂得拉丁文也不懂得德文的人如此卑鄙透顶地骂我，使我觉得，仿佛一头蠢驴在朝我喊叫。"

随后，1518年5月，路德在布道中就革除教会大胆地提出了自己的观点，这种观点足以使整个基督教世界感到震惊。

革除教会，是罗马教廷惩罚罪孽灵魂的一种重要权力手段，被革除教会意味着他的灵魂被打入地狱，永世不得翻身。

然而，路德却说，真正的基督徒，无论在教会内还是在教会外，都可以与上帝永存，并获得永恒幸福，革除教会毫无意义。这无疑是对教会权力的又一次否定。

　　如此异端思想，很快被多明我会的修道士传入罗马。1518年8月7日，路德得到了去罗马的传讯，要求他在80天之内到那里受审讯，接受革除教会的惩罚。谁都明白，这对路德意味着什么？

　　可是帝国政治形势却正发生了一次决定性的变化，形势的发展使路德暂时免除了一次危险。

　　此时，马克西米利安皇帝年岁已大，皇帝继承人亟需尽快决定。帝国皇帝由谁来继承，关涉到欧洲各个国家的利益。马克西米利安想让他的孙子查理（当时西班牙国王）继位，以完成哈布斯堡王朝扩张与统一的目的。然而这会使罗马和法国成为直接受害者，因为它们将被哈布斯堡王朝所包围，这样一来，教皇的权力会受到威胁，法国也将处于危险之中。所以教皇利奥十世竭力阻止查理登基，法王弗兰茨一世也多

←教皇利奥十世像

→维也纳是哈布斯堡王朝的旧都

方努力，甚至不惜出钱购买选票而阻止查理当选。

利奥十世想要一个对他的权力不构成任何危胁的人来做皇帝，最后他看中了萨克森选帝侯腓特烈。

萨克森选帝侯是德意志神圣罗马帝国中仅次于皇帝的最强大的诸侯之一，他与哈布斯堡王朝长期处于矛盾中，他的当选会引起哈布斯堡和法国的强烈不满，甚至可能发生旷日持久的战争。罗马不怕出现这种情况，分裂局面正好有利于教皇的统治。

罗马为支持选帝侯而全力以赴，腓特烈对罗马的建议既不赞成，也不反对，但他却提出请求：对他的教授路德博士不进行"法庭"审讯，而要进行"慈父般的"审讯，并不再传讯到罗马，而在奥格斯堡帝国议会上审问。

罗马现在更关心的是政治，而不是信仰，因此同意了选帝侯的请求。路德被政治斗争解救了，然而很快新的威胁又来了。

相关链接
XIANGGUAN LIANJIE

《九十五条论纲》节选

（5）教皇除凭自己的权柄或凭教条所科的惩罚以外，既无意也无权免除任何惩罚。

（6）教皇不能赦免任何罪债，而只能宣布并肯定罪债已经得了上帝的赦免。那留下归他审判的，他当然可以赦免。他若越过此雷池，罪债便仍然存在。

（13）临死者因死亡就免除了一切惩罚，他们向教条的法规是已经死了，不再受它们的约束。

（20）教皇所谓全部免除一切惩罚，意思并不是指免除一切惩罚，而只是指免除他自己所科处的惩罚。

（21）所以那些宣讲赎罪票者，说教皇的赎罪票能使人免除各种惩罚，而且得救，乃是犯了错误。

（25）对于炼狱，教皇在全教会有多少权柄，主教和神甫在他们的主教区和教区也有多少权柄。

（27）那些说钱币一叮当落入钱筒，灵魂就超脱炼狱的人，是在骗人的捏造。

（28）很显然，当钱币投入钱柜中"叮当"作响的时候，增加的只是利心和贪欲心，至于代祷是否有效，完全只能以上帝的意志为转移。

（29）从圣瑟威立努（St.Severinus）和圣巴斯噶（St.Paschal）的传奇来看，炼狱里的灵魂是否都愿被赎出来，是没有人知道的。

（31）诚实买赎罪票的人，是与诚实忏悔的人一样很希罕。

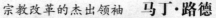
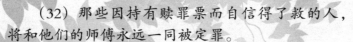

（32）那些因持有赎罪票而自信得了救的人，将和他们的师傅永远一同被定罪。

（33）那些说教皇的赎罪票，是上帝使人与自己和好的无价恩赐的人，是我们应当特别警防的。

（36）每一个基督教徒，只要感觉到自己真诚悔罪，也同样可以得到赦罪或全部免罚。

（37）任何活着或死了的真基督徒，即令没有赎罪票，也都分享基督和教会的一切恩惠，这些恩惠是上帝所赐的。

（42）基督徒须知，教皇并无意将购买赎罪票一事与慈善的行为相比。

（43）基督徒须知，赒济穷人，或贷款给缺乏的人，比购买赎罪票好得多。

（46）基督徒须知，他们除非有很多的余款，就应该把钱留作家庭必需的开支，决不可浪费在购赎罪票上。

（47）基督徒须知，他们购买赎罪票，乃是出于自择，而不是出于命令。

（50）基督徒须知，教皇若知道那些宣讲赎罪票者的榨取，他是宁愿让圣彼得堂化为灰烬，而不愿用他羊群的皮，肉，和骨去从事建筑的。

（53）那些为求宣讲赎罪票而叫其他教堂不得宣讲上帝道之人，乃是基督和教皇的敌人。

（54）在同一次讲道中，若讲赎罪票比讲上帝的道花相等或更长的时间，便是亏负了上帝的道。

（67）赎罪票，照宣讲者所说的，是最大的恩典；其实所谓"最大"，不过是指它们为最大的牟利工具。

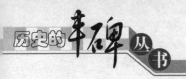
与罗马对峙

> 我知道我将为自己的学说，为真理
> 而死，但这并不会减少我的勇气。
>
> ——塞尔维特

1518年9月下旬，路德接到选帝侯命令，要他前往奥格斯堡，接受教皇陛下使臣的审问。21日，在友人林克和两位僧侣的陪同下，路德离开维滕贝格，一路上他看到许多焚烧异教徒的柴堆，等待路德的命运将是什么呢？

10月7日，路德到达了奥格斯堡。他暂时住进寺院，来访者络绎不绝。皇帝顾问，著名的人

← 奥格斯堡

→ 奥格斯堡

文主义者佩伊廷格尔前来拜访他，他后来的对手埃克也来会晤他，与路德交谈过的人都非常敬重他。

萨克森选帝侯安排两个顾问在奥格斯堡帮助路德，两人为路德弄到了帝国自由通行的许可证。随后，林克、两位顾问和几位僧侣同路德一同前往酒市场旁边的富格尔豪斯，卡叶坦在那里等着他。

卡叶坦是维奥德加叶塔的红衣主教，多明我会教团总管，当时罗马最著名的神学家。与路德刚一见面，他就表现出非常友好的态度，很快谈话就进入正题。路德在后来写的《奥格斯堡自白》中记录了谈判的过程。

"那时他说，他不想辩论，而是进行兄弟般的、慈父般的调节，并且根据万圣教皇的命令，向我提出3点：

1. 我要思过，撤销错误见解；

2. 答应将来不再做这类事情；

3. 弃绝一切可能使教会混乱不安的事情。"

罗马力图促使路德收回论纲，卡叶坦暗示路德，他必须承认自己错了，如果坚持自己的观点的话，他将被革除教会。路德知道自己坚持下去的后果，他所对抗的是天主教的最高权威，在某种意义上说，他是拿生命作儿戏。一旦被革除教会，即使选帝侯也不可能再保护他，他的脚下也将堆起干柴。

然而，什么也不能让路德改变自己认定为真理的东西，他在给卡叶坦的一份声明中说："今天我还要抗议，因为我并不知道自己说了什么违背圣经、教父、教皇或者违背良知和公理的话，凡是我所说的，我都认为完全正确、真实、符合天主教教义。"同时他又说："我服从教皇以及勒文、巴塞尔、弗赖堡和巴黎大学的裁决。如果在论纲中发现有半点异端，我愿意放弃它。"在给朋友施帕拉廷的信中，他说："我决不会收回一个音节，相反要把今

←宗教改革家马丁·路德雕像

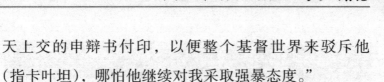

天上交的申辩书付印，以便整个基督世界来驳斥他
（指卡叶坦），哪怕他继续对我采取强暴态度。"

　　形势开始变得紧张，据说，罗马已下达了奥古斯
丁教团总管的命令；如果路德不回心转意的话，就要
逮捕他。选侯的顾问们以安全起见，让路德尽快离开
奥格斯堡。10月20日夜间，路德偷偷地溜出了城门，
回到维滕贝格。事后，卡叶坦致信选帝侯腓特烈，请
他不要庇护路德，腓特烈回信答道："在德意志，现在
还没有一个神学家能够证明他是错误的。"

　　此时，由于德意志大多数阶层的人都支持路德，
德皇也提醒教皇要慎重，以免激起事端。教皇感到形

→ 天主教会出售赎罪券

← 古罗马遗址

势不利，遂于1519年1月派特使米尔兹去德国。经路德的朋友、萨克森选帝侯的枢密顾问施帕拉廷的斡旋，米尔兹与路德私下达成妥协"方案"：要共同防止教会分裂；教皇不再命令路德去罗马受审，争端可在德国主教主持下解决；路德不再发表任何煽动性言论，并劝告一切人都要服从罗马教皇；路德应当写信给教皇，表示顺服，请求宽宥。1519年3月，路德按照协议给教皇写了信，表白自己从未存心损害罗马教会。

然而，他很快就面临着新的挑战。

挑战者是戈尔施塔特的埃克教授。这位教授坚决反对妥协，力主继续论战，要求严惩路德。他写文章抨击《九十五条论纲》，路德的同事卡尔施塔特奋起反击，于是埃克要求与卡尔施塔特和路德进行辩论。在

腓特烈的支持下，路德慨然应允前往辩论，6月24日，
路德一行抵达莱比锡。

格奥尔格·冯·萨克森侯爵热情地支持这次辩论，
并为辩论提供了场所——普莱斯堡宫廷。格奥尔格是
阿尔布雷希特的萨克森的君主，选帝侯腓特烈的堂兄，
他希望埃克在论辩中能证明路德是异端，从而击败堂
兄弟选帝侯。在莱比锡，埃克受到了盛情款待，而路
德与卡尔施塔特一行人则被搁在一边，无人理采。然
而这种情况使路德更加努力地去做准备。

1519年6月27日，莱比锡的普莱斯堡宫廷挤满了
硕士生、大学生和好奇的市民，许多人远道而来，他

马丁·路德在法庭辩论

们都想观看这场激烈的
辩论。

辩论开始，首先是
埃克与卡尔施塔特对
峙。埃克学识渊博、记
忆力惊人，能言善辩。
辩论中，他引经据典、
侃侃而谈；卡尔施塔特
则需不断翻书，实在难
以招架，埃克明显占上
峰，听众也感到了乏味，人数越来越少。

← 马丁·路德

7月4日，路德接替卡尔施塔特登上讲台，情况立
刻发生了变化。他们先就赎罪符一事辩论，随即又辩
论到出售赎罪符的教皇和教会。辩论时，路德寸步不
让，不仅对埃克的提问对答如流，而且准确地引用圣
经中的句子反驳埃克，埃克竟忘了自己的身份破口大
骂，而路德则悠然地闻着一束石竹花，这使埃克更加
恼火，他下决心要抓住路德的把柄。

10日，辩论继续进行，这时，宫廷已人山人海，
人们都被路德的话深深地吸引。埃克说："你在论纲中
说，没有教皇的恩赐，基督和圣者的功劳也会在人的
内心起作用，这是在否定教皇的权力，显然是波希米

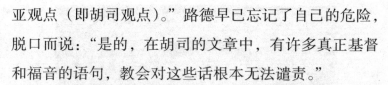

亚观点（即胡司观点）。"路德早已忘记了自己的危险，脱口而说："是的，在胡司的文章中，有许多真正基督和福音的语句，教会对这些话根本无法谴责。"

埃克大为欢喜，路德终于上钩了，他抓住时机紧追问道："那么您是认为，那次康斯坦兹宗教会议判定胡司为异教徒是错的了？所有修道院长、主教、红衣主教，还有教皇都错了？"

路德沉默了，事实很清楚，宗教会议并不具有最高权威，它也可能做出错误决定，胡司就是一个例子。然而路德的这种承诺是在与整个宗教权力相对抗：谁敢说宗教会议会出错？教皇会出错？

埃克下结论了："如果您认为，一个合法产生的宗

→莱比锡美景

← 马丁·路德使用过的生活用品

教会议错了，而且还可能一误再误，那么，我认为您就是异教徒。"

埃克终于达到了目的，他抓住了路德是异教徒的证据。为此，他举行了一次盛大宴会，市政府献出一头鹿以表庆贺，路德等人则返回维滕贝格。

然而，在广大市民眼中，路德却是胜利者，他的学说也因这场辩论而更加深入人心，支持他的人越来越多。

皮尔克海默尔、伊拉斯默和爱尔福特的人文主义者都公开表示支持路德。路德的年轻同事、菲利普·梅兰希顿是他忠实的追随者，此人后来与路德并肩战斗，两人一直没有分开。

著名的骑士乌尔里希·冯·胡登也走到了路德的

身边。从前，当路德因为论纲而与对手们展开笔战时，胡登曾认为那是僧侣们无意义的口角。而今，他写信给路德："多么伟大！啊，路德，你是多么伟大！坚强吧！请你无论如何把我当成助手吧，这样你就可以把你所有的计划交给我去执行。我们愿为共同的自由而斗争，长期遭欺凌的祖国终将被解放！上帝和我们在一起。"

通过胡登，路德和帝国骑士建立了联系，并把他们视为同盟者。骑士们和市民们给予路德以强大的道义上的声援，使路德在战斗中充满了勇气。

相关链接
XIANGGUAN LIANJIE

中世纪骑士

　　由于中世纪欧洲的国家是从蛮族社会组织的基础和战争中发展而来的，因此其整个结构和社会风气都是军事的，维持社会稳定和统一的力量就是军事贵族骑士阶层及其首领。所以，要成为一名贵族，首先必须成为一名勇武的骑士。而要成为一名骑士，则必须经过侍童（7、8岁以后）、扈从（14、15岁以后）和骑士（21岁以后）三个阶段的封建骑士教育。在侍童阶段教育，主要将孩子送到权势高的领主城堡中当侍童干杂活，并可从贵夫人及其女儿那里学习一些骑士礼节和文化知识，还有唱歌、乐器、象棋、口才等技艺。进入扈从阶段，则成为主人的随从护卫，也是预备骑士，主要学习称为"骑士七技"的骑术、游泳、投枪、剑术、狩猎、吟诗、弈棋。学习骑术就是要熟练地在快速奔跑的马背上操纵武器进攻敌人；学习狩猎则不仅是一种娱乐消遣活动，而且也是演练战术，在狩猎中锻炼作战勇气和智谋；学习吟诗目的在于通过许多叙事诗中对骑士生活和精神的描写故事，获得对现实生活的教育意义。作为预备骑士，战时还随主人出征，并有保护责任。进入骑士阶段，要成为一名真正骑士首先必须经过晋封仪式或称为授剑仪式，这种仪式在中世纪有其演变和发展的过程，其最初源于日耳曼人的武器授予仪式，这在古罗马作家塔西佗《日耳曼尼亚志》中就有所记载。中世纪晋封仪式一般要选择在宗教节日，有时在战场上举行。史称查理大帝为网罗人才，禁止贵族册封骑士，"让扈从们都聚集到宫廷来，在这里每人将获得一匹骏马、一把宝剑、一副上好的锁子甲、头盔和一件刺绣的丝绸外套。而且，如果愿意，他将立刻被封为骑士"。

　　骑士晋封仪式程序较复杂，一般可分为三种类型。一种是世俗型，主持者为君主和世俗贵族，地点多在王宫、城堡；一种是宗教型，主持者为教皇、主教或神职人员，地点一般在教堂；一种是世俗与宗教混合型，主持者一般是君主或世俗贵族，神职人员担任其中的祷告弥撒等宗教活动，地点或在宫廷城堡、或在教堂。在整个仪式过程中，授剑仪式最为隆重，可谓核心仪式。候选骑士要斋戒、洗浴、忏悔、祈祷宣誓、穿戴铠甲头盔、装踢马刺等等，然后是接受象征骑士职能的剑；封主用佩剑放在受封者的颈上或肩头轻轻拍打几下，同时庄重陈述骑士的基本准则。最后，新骑士在奔驰马背上展示其武功，持矛猛刺靶子以及即兴比武等等。由于晋封仪式及其以后庆典活动开支颇费，故往往有几个骑士共同举行晋封仪式。14世纪以后骑士晋封仪式渐趋简单，统治者为扩充兵源，使许多非贵族出身者通过钱财或战功都可获得骑士称号。英法百年战争期间，英王为鼓舞士气往往在战役前册封大量骑士。1338年英法两军在威伦佛斯对阵，一只受惊野兔使法军前部骚动，法军海诺特伯爵以为英军进攻了，便利用这短暂时间就匆匆受封了14名新骑士，以致他们后来被戏称为"兔子骑士"。

教会对于骑士受封仪式极其重视，其往往利用仪式过程所象征的意义，灌输与渗透基督教观念与精神。如10世纪时教会在《仪典书》中对骑士武器的祈祷列为教会的服务内容。11世纪时，教会开始宣扬骑士是上帝在世间的战士，在授剑仪式中引入弥撒，以坚定骑士对上帝的信仰；教会封主用剑拍打骑士后背被解释为："从噩梦中醒来保持清醒，信仰基督，为获得崇高的荣誉而奋斗";骑士则宣誓:"我将成为一名勇敢的骑士,我将按上帝所愿生活"。在教会宗教思想寓意下骑士剑的双刃意义为:一边打击异教徒和上帝的敌人,另一边保护人民和弱者。而全身武装的骑士则意味着是保护教会的铜墙铁壁,他们被赋予了宗教的职能:"基督的骑士为教会而战"。同样,在世俗晋封仪式上,宗教精神仍是其灵魂。如12世纪格里菲《不列颠国王史》中载一个城堡封主在授予骑士剑时说:"持我已给你的剑,上帝已制定和指令最高的秩序:骑士制度的秩序,它应没有污点"。同时,剑也是正义和荣誉的象征,骑士随身带剑可随时随地对呈十字形的剑柄发誓。骑士死后其剑往往要随葬或挂在他的墓碑上。1095年教皇乌尔班二世在法国克莱蒙号召十字军东征时曾讲了一句名言:"过去的强盗,现在都应该成为骑士"。12世纪索尔慈伯里的约翰纳斯曾这样说道:"为什么建立骑士制度?为了保卫教会,为了与不信教的人进行斗争,为了尊敬教士,为了保护穷人免受不公正的对待,为了生活能得到安宁,为了献出自己的鲜血,如果需要,愿为兄弟献出生命"。

向天主教全面挑战

路漫漫其修远兮，吾将上下而求索。

——屈原

路德对教廷的腐败早就有深刻的认识，改革教会乃是他的夙愿。莱比锡辩论后，他开始把改革的观点系统化，有关生活、婚姻、国家、教会、祈祷、忏悔、圣餐等问题的文章一篇接一篇地发表，从而展开了向天主教会的全面挑战。

1520年6月，路德为对手所激，使用了最激烈的言辞攻击罗马教廷，"我觉得如果罗马法学家继续无端发怒，不可救药的话，皇帝、国王和诸侯可采用暴力，不用语言而是用武器来讨伐这些流毒于全世界的恶汉……我们既然用刀剑和绞刑架来惩治盗贼，用烈火处死异教徒，为什么不可用十八般武艺来讨伐这些身为教皇、红衣主教、大主教而又伤风败俗，不配为人师表的罗马的蛇蝎之群，并且用他们的血来洗我们的手，以便把我们和我们的人从万恶的火坑中救出来呢!"

　　同年，他出版了3本重要的小册子：《致德意志民族的基督教贵族书》、《巴比伦之囚》、《论基督徒的自由》。这3本小册子被称为德国宗教改革的三大论著。

　　早在《九十五条论纲》中，路德就提出了有利于新兴的贵族的思想。在46条论纲中他写道："要告诫那些生活并不富裕的基督徒，为他们的家庭生活保存必需的东西，而决不要在赎罪符上浪费金钱。"现在，路德则直接号召人们"必须从暴政那里夺回一切"。

　　1520年8月，路德发表了《致德意志民族的基督教贵族书》，他说罗马教廷"很巧妙地建筑了三堵墙来抗拒改革，使基督徒走向毁灭"。第一堵墙：宗教权力大于世俗权力，世俗没有过问宗教的权力；第二堵墙：只有教皇才有解释圣经的权利；第三堵墙：只有教皇才有召集宗教会

→马丁·路德肖像

议的权利。

路德要推倒这三堵墙。首先，他认为宗教权力与世俗权力没有什么区别，教皇对于世俗皇帝没有统治权，只有皇帝登基时的加冕权；世俗政权固然不能过问基督教的信条内容，但它却有改革教会腐朽制度与作风的权力。其次，宗教职位不是哪一个特殊等级的，而是属于任何人，任何人都可以成为神甫，教皇和普通人一样可能犯错误。因此，人们不需要教士悔罪和了解圣经，圣经的解释权属于每一个信徒。第三，宗教大会是任何人都可以召集的。

十分清楚，路德旨在剥夺教皇和教会的各种统治权力，他要求建立一个由世俗政府统治、独立于罗马教廷的德国政权。他号召德意志贵族联合起来，反对教皇，解放德国。"教皇须让皇权成为名副其实的皇权。""我们德国人为什么竟会这样忍气吞声听任教皇掠夺呢……每年从德国流回意大利30万金盾，我们还有什么糊口的东西。"

当然，路德不主张废除教皇，教会需要一个解决争端的裁判者，但教廷开支必须大大削减，必须建立"廉俭教会"。

路德力图改革教会内部体制。他为低级僧侣取消独身制，"不能让每个牧师都没有妻子"；提出减少朝圣和节日，让人们有更多的时间从事于生产劳动；反对托钵，主张不劳者不得食，"谁想穷，就不应该富；

→圣餐杯

如果想富，就用手去扶犁，自己到地里去寻找……现在的恶劣做法不应再存在下去，这就是靠别人的劳动成果游手好闲，或借此发财和过舒适生活，而让另一些人生活得很差。"

这篇文章引起了社会各个阶层的共鸣，连格奥尔格公爵读完之后也承认："所谈的并非都不真实，所揭露的也并非都不必要。如果没有人敢说教会的坏话，如果每个人都得沉默，那么石头也终会说话的。"

← 忏悔

《致德意志民族的基督教贵族书》一文在1520年的改革文献中具有重要意义，它成了路德的政治纲领。文章一出版，立即得到热烈赞颂，印刷的4000份文本3天内便销售一空。

10月份，《巴比伦之囚》发表，它是路德改革的又一支新歌。

在这篇文章中，他从神学立场出发，攻击了教会神学的核心部分——"圣事"。

他认为，罗马教会的7项圣事，即洗礼、坚信礼、圣餐、忏悔、婚礼、神甫授职礼、临终涂油礼，只有3项（洗礼、圣餐、忏悔）是来源于圣经，其他的都毫无根据，应坚决加以废弃。同时，他否定圣餐是神职人员的特权。《新约全书》记载：耶稣受难前夜，与12使徒共进"最后的晚餐"，耶稣将饼掰开，递给门徒说："你们拿着吃，这是我的身体。"又拿起（葡萄酒）杯来，递给他们说："你们都喝这个，因为这是我立约的血，为多人流出来，使罪得赦。"根据这段传说，基督教会确立了圣餐礼。罗马教廷规定：神父可以领受"圣饼"和"圣杯"，而一般信徒只能领食"圣饼"。路德认为这是违反圣经的，一般信徒和神职人员同样有

→耶稣受难

《最后的晚餐》

领受圣饼和圣杯的权利。他要求圣餐中的平等权，也即是要求取消神职人员的特权。

11月初，由德文和拉丁文两种文字写成的文章《论基督徒的自由》出版。一种新的神学思想展现在信徒的眼前。这种思想告诉人们，人的思想、信仰是自由的，不受教会的监护。"基督教是一切事物的自由主人，他不屈从于任何人。"

路德把他早期形成的"义人必因信得生"的观点明确地公布于世：人们只要在自己的内心建立起对上帝的纯真的信仰，那么上帝的精神必然居于你的心中。在纯真的信仰中，在心灵深处，基督徒才能与上帝有所接触。这时他应当在自己心中深刻忏悔，痛斥前愆，祈求上帝恩赦。人的得救是他自己的事情，一切外在的东西，诸如宗教法典、礼仪以至神职人员都是多余的，人的得救根本不需要这些中介。信仰成为人们行为的基础。"基督徒不是生活在他自身中，而是生活在基督及其使徒之中，通过信仰，他在上帝身上了解自己，通过爱，生活在使徒中；通过信仰，他在上帝身上了解自己，他又通过爱从上帝那里回到自身，但是始终生活在上帝和上帝的爱中……"

路德所发表的一系列具有挑战性的文章，激起了帝国各等级的反罗马运动，他实际已成为运动的精神领袖。路德的言论更使罗马教皇坐立不安，利奥十世大发雷霆，声言必须给这个胆大妄为之徒一点颜色才行。

←马丁·路德的讲道台

　　1520年9月，教皇的两名使节、哲罗姆·阿连德与埃克来到萨克森，他们带来了教皇的通谕，通谕威胁路德，若不改过自新，则要革除教会，按异教徒处理，悔过期为60天。

　　迈森、梅泽堡、勃兰登堡、莱比锡等地都张贴了通谕。然而通谕并没有起到威吓作用，人们对通谕的怨言越来越多，他们往通谕上面涂污泥，有的人则干脆把它撕得粉碎，教皇使节遭到人们普遍的敌意，埃克吓得躲在寺院里不敢出来。

　　人民的支持、诸侯的坦护，使得路德对通谕毫不畏惧。10月他致信利奥十世"罗马教廷完了，上帝的愤怒降到了它的身上，对你我之辈毫无价值。据说教

→手捧圣饼的神甫

皇原是凶神，他比你这个新巴比伦管得宽些。罗马简直是地狱，你好似撒旦的代理人。"

10月，查理五世（1519年10月当选皇帝，与教皇关系密切）下了道圣旨：允许在他的勃艮第世袭领地内焚烧路德的著作。不久，卢万、科隆、美因茨等地燃起了一团团的火焰。

路德对教皇及皇帝怒不可遏，他奋起反击。12月14日，他在维滕贝格教堂门上贴出一张布告，"所有坚持福音真理的人，今晨九时当在本城市门前圣十字小教堂集合，那里将按圣徒的老习惯，焚烧不信上帝的教皇法典和经院哲学家著作。因为福音的敌人已经采取行为，烧毁了路德的福音书。来吧！虔诚的青年大学生们，来当这次神圣的、上帝喜爱的戏剧的见证吧！因为现在也许是反基督分子暴露于光天化日之下的时

候了。"

9点，爱尔斯特尔城门前燃起了熊熊烈火，火舌毫不留情地吞噬着宗教法典，埃克等人的文章也被扔进了火里。路德静静地看着这一切，突然他把手里教皇的通谕也投入了火中。围观的人激动不已：路德焚烧了宗教法典、焚烧了教皇通谕，他与旧制度彻底决裂了。人们拉着手，齐唱圣歌，情绪异常高昂。

第二天，路德解释道：烧毁通谕只是一种儿戏，重要的是烧毁教皇、罗马教廷及其全部学说和暴行。

路德的行为令罗马彻底绝望，于是1521年1月3日，教皇颁布了对他的革除教会令。

← 勃兰登堡

尔姆斯帝国议会

生活的道路一旦选定，就要勇敢地走到底，决不回头。

——左拉

1521年，查理五世打算出访意大利，并在那里加冕。这次出访，很可能会引起一场对法国的战争，从而危及他在意大利的领土。为寻求各方人士支持，查理五世在沃尔姆斯召开首届帝国议会。各地代表云聚此地。

路德不可能意识到，他已被搅进政治纷争中。对他的态度直接关涉到不同利益集团的政治目的。

皇帝需要天主教作为统治工具，对法战争亦希望得到教皇的支持，于是查理五

世决定以制裁路德获得罗马方面的支持。然而事情并不那么简单，诸侯们可不希望皇帝和教皇形成联盟，那样的话，就会危及他们现有的权力、削弱他们的地位。于是路德成了诸侯们离间教皇和皇帝的有力武器。会议上，

←马丁·路德纪念碑

他们明确声明：在没有听路德申辩之前，他们不允许皇帝做出任何判决。皇帝不能无视诸侯的意见，战争也缺不了他们的支持。皇帝只好暂时收回制裁路德的决定。

皇帝没有制裁路德还有原因，那就是人民群众的情绪日益高涨，路德在他们心目上有极高的声望，他的文章在全国各地竞相传阅，"9/10的人喊着拥护路德，其余1/10的人即使偶尔不喜欢路德，也高喊着'消灭罗马教皇'的口号。"这使得皇帝感到在路德的问题上必须慎重，稍有疏忽，就可能导致动乱，这种

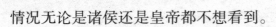

情况无论是诸侯还是皇帝都不想看到。

经过协商，查理五世最后同意由德国法庭裁决路德一案。3月6日，查理发出诏令，命路德于4月16日前往沃尔姆斯，准许他在会议上为自己辩护或者表示忏悔。

4月2日，在朋友尼科芬斯·冯·阿姆斯多夫、学生彼得·苏亚温的陪同下，路德动身前往沃尔姆斯。

临行前，许多朋友都劝他不要赴会，他们唯恐重演百年前胡司的悲剧。路德回答道："纵使大火弥漫了从维滕贝格到沃尔姆斯的天空，我因主的大名还是要去，我一定要在虎口里，在他们的牙齿中间坚持基督的真理。"

路德要去沃尔姆斯的消息很快传开了，路德所经之地，人们欢呼、跳跃、唱着赞美歌，迎接他们心目中的英雄，谁都想目睹一下他的风采，听他那有感召力的布道。罗马多方阻挡路德如期到达，但都失败了。

4月16日上午10点钟，路德到了沃尔姆斯。教皇特使阿连科记述了路德到达时的盛况。"我刚写完一封信，就从许多报导和老百姓的急促脚步声中知道，这个伟大的导师来了。我派人去打听情况，那人告诉我，大约有上百骑马的人，可能是济金根一伙人一直陪同他到城门。他和3个人乘一辆车进了城，周围大约有8

个骑马的人，他就住在他的萨克森选侯附近的约翰特骑士家里。他下车时一个神甫前去拥抱他，3次抚摸他的衣服，荣幸地和他一道步行，好像得到一个伟大的圣物一般。我猜测，很快就会传出消息说，他做出了奇迹。这个路德下车时，用他那魔鬼般的眼睛环顾四周说：'上帝将与我同在。'然后他走进房间，许多先生去拜访他，其中大约有12人与他共进午餐。"

第二天下午，路德由帝国传令官带领，走进了议会大厅。大厅上方，皇帝和几个高级官员坐在带有缎子华盖的椅子上。旁边，人们垂手而立。大厅正中，摆着一张桌子，上面堆满了书。路德与萨克森选侯的顾问哲罗姆·舒尔夫站在下首，显得力量非常单薄。

←沃尔姆斯大教堂

谈判开始。

特策尔大主教的礼宾官约翰·冯·埃肯首先用拉丁语，然后用德语说："马丁·路德，崇高而不可战胜的皇帝陛下考虑到神圣罗马帝国各等级的意见，令我召你来此，就你的文章向你提问。首先，你是否承认这些书是你写的？其次，你是否愿意收回书中的内容，还是仍然坚持书中的观点？"

"请说出书名。"舒尔夫喊了一句。

礼宾官犹豫一下，然后拿起一本书，念出了书名，之后，又一本一本地读出所有书的名字。

路德听完，也先用拉丁语，之后用德语回答道："尊敬的陛下，这些书是我写的，我决不否认。至于书中的内容，是关于信仰和灵魂得救的问题，天地间没有比这更重大的了，必须用深思熟虑的语言来解释它。因此，我诚惶诚恐地请求皇帝陛下给我一个思考时间，以便我能正确回答所提出的问题，不致于说出不利于上帝的话，不致于损害我灵魂的幸福。"

← 查理五世

经皇帝和官员们磋商后，德皇限他在24小时内作出答复。

这期间，路德得到了大力支持，高级官员、骑士、宗教同事、学者、市民纷纷来访问他、鼓舞他，要他坚持住，胡登来信写道"鼓起勇气、坚强起来，你看，一种什么样的转折要靠你实现。"路德深受鼓舞，他决定挺身迎战。他清楚地意识到，自己已被卷进急遽的旋涡，弄不好可能随时发生灭顶之灾，只有鼓足勇气，一往直前，才会不负众望。

第二天傍晚，他充满信心地再次出现在皇帝和官员们面前。他身穿黑色僧袍，身体削瘦、脸色苍白，开始回答问题。

"尊敬的陛下，我的书从内容上看，可以分为三类：第一类是关于基督教信徒信仰和良好行为的，是公认为无害而有益的，这些书我不能收回；第二类是攻击和摒弃教皇和教皇学派学说的，事实如此，这类书我也不能收回，如果那样做，无异于强化他们的暴政，而且会由于我收回的证词而使他们肆无忌惮地、不受惩罚地继续推行暴虐的政策，连同一切骄横、阴险、毒辣，普通的穷人和百姓将更加痛苦难熬……啊，那我就成了形形色色狡诈和暴行的大遮盖布了！至于最后一类书，是专门攻击那些支持罗马暴政的人，我承认，从宗教和职业本分来看，我对这些人确实言辞过火了些，但要收回的话，那些暴君和不信上帝的人都会拍手称快，并会对上帝的臣民变本加厉地残暴。所以，这类书我也不能收回。当然，如果谁用语言驳倒了我，我会批驳自己，承认错误，并亲自把我的书付之一炬。"随后，他对他的著作一一加以说明。

路德的答辩进行了大约两个小时，他口干舌燥，感到十分疲倦，但依然昂首站立，等待着裁判。路德的回答宛如外交辞令，既坚持了自己的学说，没有半点屈服；同时又表示虚心接受劝导，使在会的人感到他并非顽固不化。这样的回答让诸侯们一时不知如何对路德进行评价。皇帝叫过礼宾官，向他

耳语几句，礼宾官于是对路德说，"路德博士，您要言归正传，简明扼要地阐明您的态度，是收回还是不收回。"

路德答道："既然陛下和阁下们要求我简单地回

《马丁·路德》电影剧照

→耶稣像

答，我就给你们一个没有齿和角的答复：只要我还不曾被经文或明白的道理驳倒，我就不能、也不愿撤回原话。因为违背良心来办事是难于做到的，也是危险的；而教皇和宗教会议我都不相信，事实证明，他们往往是错误的，是自相矛盾的。"稍停片刻，路德高声宣布："我今天立于此地，誓不移志，坚持己见，决不反悔！愿上帝帮助我，阿门。"

路德的话完了，他被带出大厅，全场内外立即骚动起来，有人呼喊，有人哭泣，有人为他捏一把汗，他们担心路德被抓起来。路德好心地劝说，人们才安静下来。阿连德记下了当时的情景，"路德下去了，陪同他的是全世界，特别是选帝侯周围的许多萨克森贵族陪同着他。离开大厅时，他向上伸手，就像德国士兵在战斗游戏中击败别人时，因欢喜若狂而作的习惯动作。"

　　尽管路德不肯屈服，但由于市民、骑士以至部分诸侯拥护路德，帝国议会不敢轻易惩罚他。胡司的命运没有发生在他身上。他与胡司不同，胡司是孤立无援，单独一人去赴康斯坦兹会议的，而路德则有整个德意志陪伴着他。4月25日，帝国议会作出决定：命路德在21天内返回维滕贝格，一路上不许讲道、写文章。第二天，路德离开沃尔姆斯。

　　然而，过了不久，即5月8日，查理五世为得到教皇的支持，还是发布了沃尔姆斯帝国敕令：德皇给路德20天的恩赦期，限其在20天之内自动投案。20天以后，路德将不受法律保护，人人都可以抓他，他的一切友人和支持他的人以及聆听他"有害"学说的人，都应受到歧视。

← 马丁·路德曾经牧会过的教堂

相关链接
XIANGGUAN LIANJIE

神圣罗马帝国皇帝查理五世

查理五世是哈布斯堡王朝广泛的皇室联姻的最终产物。他是出身于哈布斯堡家族的西班牙国王腓力一世与卡斯蒂利亚的胡安娜（疯女）之子，阿拉贡的斐迪南二世与卡斯蒂利亚的伊莎贝拉一世的外孙，神圣罗马帝国皇帝马克西米连一世和勃艮第女公爵玛丽的孙子，生于根特，在低地国家被抚养长大。他童年时的教师是乌得勒支的艾德里安（即日后的教皇哈德良六世）。

查理五世的具体国籍很难说明。从父方来看，他是奥地利哈布斯堡王朝的一员，但他不是纯粹的德国血统。他的母亲是西班牙人，西班牙也是他的帝国的核心，但他在西班牙却经常感到自己是个外来者。他的母语是法语，那是他长大的地方"低地国家"（包括今天的比利时，卢森堡，荷兰）的贵族们通用的语言，然而法国正是他终生的敌人。

查理于1506年（他的父亲死于那一年）继承了低地国家和弗朗什孔泰。当他强悍的外祖父斐迪南二世在1516年去世后，他成为一片巨大领地的拥有者，这片领地包括他母亲的卡斯蒂利亚和斐迪南二世统治的阿拉贡、纳瓦拉、格拉纳达、那不勒斯、西西里、撒丁，以及整个西属美洲（在他统治时期，西班牙在美洲的殖民地由于征服墨西哥和秘鲁又扩大了好几倍）。他刚抵达西班牙就不得不与争取自治的城市作战，一些西班牙贵族则对他在卡斯蒂利亚为一些佛兰德人安插官职感到不满。最终所有的反抗都被他压服，一个顺从而强大的西班牙构成他日后在欧洲驰骋的基础。

在祖父马克西米连一世去世后，查理又得以继承哈布斯堡家族在奥地利的产业。通过向选帝侯行贿等手段（得到德意志银行世家富格尔家族的资金支持），他在1519年战胜法国国王弗朗索瓦一世当选为神圣罗马帝国皇帝。

查理五世为天主教奉献了全部忠诚乃至狂热。他是宗教改革运动的激烈反对者，并企图建立一个"世界天主教帝国"。1521年，查理五世以皇帝身份传唤马丁·路德参加沃尔姆斯宗教会议（许诺保证路德的人身安全）。他在这次会议上宣布路德及其追随者为非法（1521年沃尔姆斯敕令）。

1524年鉴于德国爆发农民起义而新教诸侯组成了施马尔卡尔登联盟，查理五世决定把德意志事务交给弟弟斐迪南（即日后的斐迪南一世）全权办理。

语言学家、歌曲创作者

理想的书籍是智慧的钥匙。
——托尔斯泰

　　路德踏上了回家的路途。头半个月，朝行夜宿，一路无事。当走到爱森纳赫时，他接到一秘密指令：为避免危险，必须离开大道，循荒僻小路转道戈塔。路德立即按指令行事。5月4日，路德的马车在图林根森林的一条小道上行驶时，突然从林中窜出一伙骑马人，他们问清楚他是路德后，随即把他带进了森林。不久，传出路德失踪的消息。

　　没有多少人知道这是一次精心安排的绑架，是萨克森选侯想保护他的博士所采取的一种下策。选帝侯不能公开保护他，于是决定让他失踪一段时间。一来可以免受帝国作出的惩罚，二来可以使激昂的人们失去偶像，暴乱自然不会发生。

　　数日后，瓦德堡出现了一名陌生的骑士：约尔格容克，除了城堡头领和这位骑士的随从之外，谁都不

晓得他就是著名的路德。

瓦德堡是个很荒僻的地方，隶属萨克森选侯国。路德被安置于城堡最高层的一间小木板房里，为了与周围的环境协调一致，他蓄起了胡须，穿上了时髦的骑士服，俨然一位风度翩翩的骑士。他和别人一起沿着崎岖山路去打猎，坐在马背上他感到非常不适应；他参加盛大的宴会，大吃大嚼。然而，由于多年来他已习惯于数量有限的寺院伙食，这种过量的美味却使他痛苦不堪，他必须忍受痉挛和消化不良的折磨。在瓦德堡，他感到很孤独，于是，他又把全部精力投入于创作中。一篇又一篇的文章在这里诞生，其中包括《诗篇第18篇的注释》、《论教皇是否有权禁止忏悔》、

←瓦特堡上保留的路德故居

《论对弥撒的滥用》、《对僧侣誓言的看法》等。

　　12月，路德着手来完成他一直想做的一项重要工作：把《圣经》从希腊文本和希伯来文译成德文。这项工作无论是对自己还是对神学都具有重要的意义，在路德看来，《圣经》是信仰的唯一权威，每个人都可以来阅读解释《圣经》并以此来指导人们的思想和行为，但原文根本没有人能看懂，即使拉丁文也并不是所有的教士都能理解的，因此，把圣经译成通俗易懂的德文其意义就非同小可。在路德之前，也并非没有译本。早在12世纪末，法国南部曾出现一个法文译本。14世纪，又有人把它译成英文。在路德时代，已

→路德使用过的生活用品

有14种高地德文译本。
4种低地德文译本和一
种尼德兰文译本。然而
这些译文与原始本相比
都有许多不足之处。

路德的工作目标
是：既忠实于希腊文和
希伯来文的原文，又符
合德国人的习惯，使每
个人都能看懂。他每天

伏案工作6小时，开始翻译《圣经》第一部分《新约
全书》。他的书桌上摆放着希腊文和希伯来文原本和拉
丁文译本，他仔细地考虑每一个词、每一句话，他的
译文，不是平铺直叙地把原文译成德文，而是要以活
生生的、人们喜闻乐见的文风，通俗地表达出原文的
意思。有时为了思索一个恰当的词，他要花上三四个
星期，为此他"不得不问一问家里的母亲们，问一问
胡同里的孩子们，问一问集市上的老百姓，亲眼看着
他们在谈话时是如何开口的。"

在旧译本中的句子"在忧郁的日子里呼唤我，我
开导你，你尊敬我"变成了路德的"在困难时呼唤我，
我愿意拯救你，你应当赞美我。"这符合德国语言简捷

明快的风格。翻译过程中，为表达确切的含义，路德破除传统语言的束缚，创造了大量的词汇。如"偶像的奴隶"、"战争的奴隶"、"小信的人"、"和颜悦色者"、"强词夺理"、"随心所欲"、"反复无常"、"挑剔"等等都出自路德之笔，为德国语言的发展做出了重要的贡献。

→马丁·路德和教堂

艰苦的工作到 1522 年 3 月告一段落，路德结束了《新约全书》的翻译。9 月，《德文新约全书》出版，人们像发现了宝物似的，首批印刷的书

← 马丁·路德诞辰 500 周年纪念币

被一抢而空，接着不得不一版再版。

路德的译本通俗易懂，任何初具识字能力的人都能阅读，"用自己的语言去思维"，而不是"用外来语来祈祷"，路德要使信徒的心灵直接和上帝联系起来的愿望实现了。黑格尔说："如果没有把圣经翻译成德文，路德也许未必能完成他的宗教改革。"

然而，人们并没有完全按路德的愿望去读圣经，把它当做束缚自己心灵的锁链，而是同时利用它作为斗争的武器。在《圣经》里，人们发现了理想的纯朴的基督教，它就是人们所要求的"廉俭教会"，那种纯朴与今日基督教的腐朽、堕落形成鲜明的对照；在《圣经》里，人们找到符合自己利益的根据。在 1525 年爆发的农民战争中，起义农民正是利用《圣经》的原理提出"十二条要求"的。"路德因为翻译了《圣

经》，于是就给了平民运动一个强有力的武器。……农民们利用这个武器来从各个方面反对诸侯、贵族和僧侣。"（恩格斯语）

《圣经》其他部分的翻译断断续续，3月份，路德不顾危险回到了维滕贝格，那里的许多事等着他去做。许多人加入了翻译工作中。菲利普·梅兰希顿钻研希腊文本，克鲁西格尔博士专攻迦勒底文本，还有约翰·布根哈根、尤斯图斯·约纳斯等人也参与进来。路德自己则对照拉丁文本和希腊文本。13年后，即1534年，《圣经》全文译完。

通过翻译《圣经》，路德在促进德国共同德语的发展中起了决定性的作用，他的工作不仅是一种神学和哲学上的功绩，而且是一种巨大的创造语言的功绩。对此，德国诗人海涅曾作过高度评价：马丁·路德"创造了德语。这是由于他翻译了《圣经》而完成的"；"这部古老的书是使我国语言不断更新的泉源。路德译本《圣经》中所有的成语和句式都是德语的，是作家可以一直使用下去的。"

那时，从未有任何一种文学著作像路德的《圣经》那样，在短时间内广泛流传，从 1522 年到 1546 年，《圣经》或者《圣经》摘录就印刷和翻版了 400 多次。

1523 年以后，路德又致力于歌曲创作。路德从小

就喜欢音乐，他认为音乐最能陶冶人的情操。《我们在生活的中心》、《上帝从天上洞察一切》、《享受的基督徒，高兴吧》等圣歌广泛被人们传唱。1524年路德圣歌第一集出版，他在前言中写道"每个基督徒，都必须唱好圣歌，使主喜悦……"

他的歌生动活泼，题材丰富，主要以民间习俗和民间生活为依据，所以具有广泛的群众基础。1529年路德谱写的大合唱《主是我们的坚固堡垒》，被恩格斯称为"16世纪的马塞曲"。歌词写道：

魔鬼虽然环绕我身，

马丁·路德纪念碑——周围都是宗教改革时期皈依新教的德国诸侯

对我百般欺凌，

我们全不惧怕，

因我们定能得胜。

尘世之君虽猛，

不足令我心惊，

他怒，我能忍受，

日后胜负必分，

主言必使他败奔。

这首歌，以它雄壮有力的词句给信徒们以必胜的信心，成了反罗马教会的一个有力武器。

路德创作的圣歌至今还有许多被传唱着。

相关链接
XIANGGUAN LIANJIE

《旧约全书》

　　《旧约全书》记载的是主与他的选民以色列人所立的盟约，旧约是律法的盟约，旧约是为救世主降生做准备的。"旧约"之所以称为"约"，来源于耶和华击杀埃及人拯救以色列人脱离埃及法老之时与以色列人立的约。当然这"约"就是以门楣上刷的"羊血"为立约的证据，而且以此来立约说，凡是门楣与门框上有羊血的都是上帝的选民，都是耶和华要留下的对象。凡是埃及的人与牲畜都不是耶和华拯救的对象，将其所有的长子与初生的牛羊都击杀。整个旧约圣经除未立约以前的《创世纪》以外，其余的书（主要）都是记载立约以后（造物主）在以色列民中间作的工作。因耶和华与以色列民立的约，在律法时代记载的书就称为"旧约"，是以耶和华与以色列民立的约来命名的。

　　旧约的39卷中，最古老的应该是摩西五经，写于主前约1500年。从摩西五经的写作到玛拉基书的完成，所涵盖的时间约有1000年（主前1400年至400年），由25至30位不同背景的作者合作写成。除了一小部分以外，主要是用希伯来文写成。中间由于希伯来文法经过演变（在主前1350年），旧的书卷都已被改写，现在旧约里的希伯来文法都是一致的。值得注意的是，旧约原稿的希伯来文都只有子音（consonant），母音（vowel）是以后才加进去。

很多证据显示旧约的经卷开始时是用腓尼基式希伯来字体写的（Paleo-Hebrew），后来才改用Aramaicsquare希伯来正方字体。

德意志在行动

> 伟人所做的事，并非一切都是伟大的。
>
> ——布莱希特

当路德在瓦德堡避难时，人们开始把他的思想付诸实践。

改革首先在维滕贝格展开。1521年11月12日，40名奥古斯丁僧侣中有15名离开寺院，成为第一批还俗者。他们认为"穿着僧袍不可能变得幸福"，在人们的帮助下，他们在城市居住下来，过市民生活。

许多神甫结了婚。路德的同事卡尔施塔特教授于11月底娶了妻子，他成为维滕贝格改革运动中最有影响的人物。12月25日，他身穿世俗衣服在礼拜堂讲道，首次把酒递给信徒，从而背离了圣杯仅为神职人员而设的旧制度，实现了路德所主张的信徒人人平等。他劝学生们去劳动，维滕贝格大学变得空空荡荡。春天，他脱掉教授服，带着夫人在偏僻的山村开始务农。

维滕贝格市内反宗教的情绪非常高涨，不时发生

宗教骚乱，为避免动乱，1522年1月，在选帝侯的倡议下，奥古斯丁修士会议召开。会议决定：人人都可以自由离开寺院，不需要受人世间清规戒律的束缚，同时声明取消僧侣托钵和献祭。紧接着，人们开始用新观点来管理教会财产。

1月24日，市政厅颁布了《公共钱柜制度》，"公

←神学家奥古斯丁

→ 奥古斯丁作品集

"共钱柜"由两名市政府官员、两名信徒代表和一名文书管理。所有的教会捐献都要装进去。这笔钱将用于社会公益，比如：给手工业者贷款，资助穷人的孩子上学，在拉丁语学校设立面包发放处、为城市的穷人提供膳食。教会再不能打着捐献的名义自行挥霍。

在瓦德堡隐居的路德得知维滕贝格发生了骚乱，不顾危险（他已成了法律保护之外的人，人人可以抓他）于3月4日返回维滕贝格，3月底，他发表了《诚恳告诫全体基督徒不要叛乱和激愤》的文章，指出"应当约束自己、切勿乱说、乱想、乱动"，"要合法前进"。他主张宗教改革，反对一切反政府的行为。这样路德实际上已"抛弃运动中的下层人民，倒向市民、贵族和诸侯一边去了。"（恩格斯语）

路德所不希望看到的叛乱还是发生了，这就是著名的骑士起义和伟大的农民战争。在这两场运动中，人们真正看清了路德的立场。

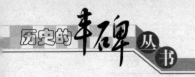

  骑士的地位在中世纪曾显赫一时，然而14、15世纪以后，军事上进行了革新；刀剑被枪炮所代替；军事技术大为改进；扩大了步兵的作用，骑士作为专业骑兵丧失了其应有的意义，于是由于军事地位的降低，骑士们的经济、政治地位也不断下降。他们的领地越来越少，许多人入不敷出，只有靠给诸侯服务领取有限的军饷，或者干脆拦路抢劫，勒索商旅，以此得以苟延残喘。为了改变其处境，他们联合起来了。

  1522年8月，弗兰茨·冯·济金根在兰都秘密召开了骑士大会，莱因士瓦本和法兰尼亚等地的骑士们纷至沓来，他们在这里建立了同盟，打算起义。

  路德也被邀请，他们想得到这位伟人的支持，路德没有赴会，只是对来使说："我不愿意靠武力和流血

←中世纪骑士

来维护福音。世界是靠语言征服的，教会是靠语言来维持的，也还是要靠语言来复兴，反基督的人们不是靠暴力取得一切，也将勿需暴力而消亡。"骑士们对此大为失望。

→中世纪骑士油画

9月初，济金根率领骑士们攻入选侯特里尔大主教领地。他对这次进攻充满希望。一来市民们一直反对教会的压榨，他们会帮助骑士；二来世俗诸侯和宗教诸侯互相对抗，特里尔附近的诸侯们必会支持他们，既便不支持，也会按兵不动。一旦进攻特里尔成功，胜利则指日可待。

然而济金根想错了，城内在经过最初的混乱后，就很快投入到战斗的准备中。大主教一方面立即向普法尔茨选侯和黑森伯爵发出求救信号，另一方面加强防务，把城外的院落和寺院全部烧毁，水中放了毒药，粮食、饲料也一应搬入城内，济金根到时，全城人立即进入工事，挡住了炮火和冲锋，骑士们毫无胜利的

希望。

　　特里尔的援军却赶到了，面对共同的敌人，世俗诸侯早已忘了与宗教诸侯的矛盾，济金根的部队腹背受敌，连连失败。第二年4月济金根受伤被俘，不久身亡。

　　骑士起义失败了，他们的地位更加低下。路德对他们的失败没有寄以丝毫的同情，尽管他们曾给他以强大的支持。这个没落的阶级不会对他的改革起主要作用，路德没有必要关心它。

　　然而另一起运动却不能不为他注意，他积极地参与进来，但却是站在运动的对立面。

　　他所反对的是居于社会最底层的平民和农民。

← 马丁·路德博物馆内的雕像

这是些被压迫者，他们承担着社会上所有的负担，终日劳作，但却一无所得。辛勤劳动的果实都用来交了各种赋税。他们要服徭役、要随时听从老爷们、太太们的调遣。他们终于忍无可忍。1493年，埃尔萨斯的农民建立起一个联盟，标志是农民的粗鞋；1502年，巴登北部拜尔主教区的"鞋会"发动起义；1514年春，"穷康拉德"组织发动武装起义，这几次起义最终都被统治者残酷地镇压下去了，但人们的怒火并没有因此而平息，各地的"鞋会"和"穷康拉德"依然在活动。

路德的改革思想点燃了这愤怒之火。农民们认为路德是同情、支持他们的。1524年，施莱林根的农民们起草62条申诉，要求改善他们的处境。很快就有1000多人武装起来，消息传开，全国各地的人们纷纷起来反抗。老爷们吓得躲进了城堡。

托马斯·闵采尔成为公认的领袖。1520年闵采尔经路德推荐获得茨维考传教士之职。但这位教士没有

→托马斯·闵采尔

←托马斯·闵采尔在向人们布道

像路德那样，完全把自己交给《圣经》。他深入到贫苦百姓之中，了解了他们的社会困境，同时也感受到在他们那里蕴含的巨大力量。闵采尔渐渐地离路德越来越远。他对路德字字句句必取于《圣经》的主张产生怀疑，闵采尔认为，《圣经》并非唯一的启示，人可以从自己的理性中领悟启示。

1523年，闵采尔来到萨克森选侯领地阿尔施泰特，担任圣约翰教堂的神甫。他用普通人的语言讲道，络绎不绝的人群被吸引到阿尔施泰特，他们听他攻击不信上帝的政府，号召人们加入到斗争中去，解除诸侯的权力。

路德对闵采尔的学说极为反感，他称闵采尔为

"撒旦魔王的工具"，选帝侯也不允许其臣民听他的布道，并驱逐闵采尔离开萨克森。

他逃到图林根的米尔豪森，发表了《把信仰和不忠诚的世界暴露在光天化日之下》的文章，他提出自己的政治改革纲领，"上帝的选民——农民和工人，拿起剑来……整个世界必须忍受一次大震荡，这是关乎不敬上帝的人垮台和卑贱的人翻身的事情。"

萨克森的约翰公爵、黑森的菲利普侯爵、萨克森的格奥尔格公爵都致函米尔豪森市政厅，要其警惕闵采尔。1524年8月路德也秘密写信反对肇事者和煽动

→ 勇敢的托马斯·闵采尔

者闵采尔，"这个人在许多地方，尤其是在茨维考，而最近又在阿尔施泰特，已经证明：从他的活动里，除了屠杀、叛乱和流血以外，不可能期待别的后果。"

闵采尔再度被驱逐出城，他来到了南德意志，这里已燃起了革命的熊熊烈火，闵采尔积极投身于运动中，他参与制订条款、与统治者谈判、为起义制定计划、设计宏伟蓝图……同时对路德的进攻进行猛烈的反击，他批判路德的软弱，"你很清楚能诽谤谁，穷僧侣、教士和商贩不能自卫，因此你责骂他们。但肆无忌惮践踏基督教、不敬上帝的统治者却无人过问。"

起义军不断攻克城堡、寺院、慈善机构、政府，农民们写了12条要求，要求自由选举信徒团体的神甫，废除什一税、农奴制，农民可以自由狩猎、伐木、自由利用信徒团体的土地和自由捕鱼。

统治者恐惧万分，他们要求与农民谈判，善良的人们坐了下来。路德也就12条提出意见，但他劝告双方保持和平。很快，在谈判期间统治者重新组织了力量，他们立即撕毁协议、停止谈判，对农民大举进攻，成百上千的农民遭到屠杀。

路德此时完全站在支持他的人民的对立面，忘记了他的和平建议，撰写《反对杀人越货的农民暴徒》一文，他攻击道："农民挑起了叛乱，罪恶地抢劫和掠夺

不属于他们的寺院和宫殿。他们充当明火执仗的强盗和杀人凶手，仅这两条就犯了肉体和灵魂的死罪。"因此"无论谁只要力所能及，无论是暗地里也好公开也好，都应该把他们戳碎、扼杀、刺死，就像必须打死疯狗一样！……他们应乖乖地过日子：要不然的话，就没有多少可客气的了。那就让他们尝尝枪林弹雨的滋味吧，否则他们还会干出千百倍的坏事来呢？"

5月11日，诸侯们的部队在弗兰肯豪森包围了闵采尔的部队，他们发出诺言，如果交出闵采尔，则农民将被释罪。此时，农民中锐气消沉的情况已经很严重，他们围成一堆儿考虑诸侯们的建议，突然，炮弹如闪电般落在农民脚下，惊慌失措的农民东奔西逃，诸侯们的军队进行大肆追击和杀戮，死亡的农民达

7000多，闵采尔被俘。

在严刑拷打下，闵采尔丝毫没有屈服，他铿锵有力地说："忏悔？决不！基督教义主张：人人平等。我要驱逐和杀死那些不想支持福音的诸侯和官员。"5月25日，闵采尔英勇就义。

在这场伟大的战争中，路德背叛了人民，人民的行为远远偏离了他的改革目标，他的目标是宗教改革，任何时候他也没有产生过反对世俗政权的思想，因此，当人民把矛头指向世俗政权时，他便毫不犹豫地走到了人民的反面。

相关链接
XIANGGUAN LIANJIE

德国农民战争革命歌曲节选

（一）

我们盖尔黑军，暴君听见头晕。

长矛前进！冲向敌人！

烈火，把修道院烧成灰烬！

亚当种田那阵，谁是贵族农民？

长矛前进！冲向敌人！

烈火，把修道院烧成灰烬！

判处领主死刑，《圣经》是我命令！

长矛前进！冲向敌人！

烈火，把修道院烧成灰烬！

盖尔率领着我们！诸侯教皇是敌人！

农民战旗高，"鞋徽"迎风飘。

长矛前进！冲向敌人！

烈火，把修道院烧成灰烬！

（二）

嗨！我穷康拉德！仍然健壮。

饥饿的山冈，哭泣的河流，

我持锤遍走！

奴隶般生活，何时得解救？

农民和领主，愿同法追究。

嗨！我穷康拉德！

猛刺吧，长矛！

横扫吧，棍棒！

我穷康拉德，我就在这里！

在田野，在林丛。

钢盔亮晶晶，盾牌清又净，

"鞋徽"伴英雄！

诸侯并教皇，一对瞎眼睛。

我自设法庭，判领主死刑。

《圣经》，就是我的命令！

我穷康拉德，我就在这里！

猛刺吧，长矛！

横扫吧，棍棒！

嗨！我穷康拉德！

教皇和贵族，靠战斧根除。

老爷皮鞭抽不住，剁成肉泥向谁诉？

活剥我们皮，还把妻子辱。

嗨！我穷康拉德！

猛刺吧，长矛！

横扫吧，棍棒！

新教的形成与巩固

> 感谢火焰给你光明，但是不要忘了那执
> 灯的人，他是坚忍地站在黑暗当中呢。
>
> ——泰戈尔

　　1525 年 7 月 23 日，路德履行了自己反对独身的诺言，与逃亡的修女卡塔琳娜举行了婚礼。尽管当时神职人员结婚已不是新鲜事，但路德的结婚还是激起了轩然大波。在罗马，人们怒不可遏，他这样的人物违背独身的戒律，其影响将不可估量；路德的同事则认为此举不合时机。然而，不管怎样，路德在与天主教的斗争中，又迈出了一步。不久，许多宗教人士纷纷模仿他。

　　此时，各地农民起义的战火已基本平息，农民们对统治者已不构成威胁。路德再度成为天主教派的眼中钉。当初，面对农民这个共同的敌人，天主教派和路德派的诸侯忘记了他们的矛盾，联合起来对付洪水般的农民起义，路德是他们阵营中的一员。如今，天主教派认为该考虑如何执行沃尔姆斯敕令了。然而，这并不是一件容易的事，因为路德并非单枪匹马。

萨克森选侯国、黑森、不伦瑞克、曼斯菲尔德、安哈尔特等地积极支持路德的改革，他们形成了实力强大的联盟，其力量足以与天主教派相抗衡。

1546年，帝国议会在施派尔召开，尽管路德教派方面拒不屈服，但皇帝还是坚持要执行沃尔姆斯敕令。这时，一次突发的事件改变了皇帝的决定。

在科涅克，教皇克雷芝七世、米兰、威尼斯和佛罗伦萨等城市同法国组成联盟，想共同对付查理五世对意大利的权力要求。教皇的态度促使查理五世收回原来的决定。帝国议会最后决定"在宗教问题和沃尔姆斯敕令问题上，每个等级在宗教会议之前的生活、治理和行动应以对上帝和皇帝殿下负责为准则"。

形势发生了转机，不但沃尔姆斯敕令没有执行，反而路德派的权力扩大了，他们开始在

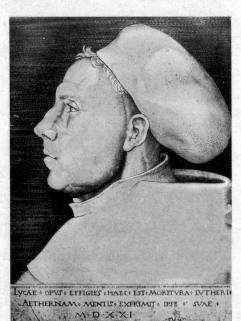

自己的领土上发展一种新教——路德教。

　　1522年12月，路德写信给选帝侯约翰（腓特烈之弟），诉说萨克森选侯国内神甫和学校的恶劣物质条件，建议没收所有教会财产，以维持这些机构。选帝侯表示同意，他希望通过对教会施加影响扩大自己的权力。

　　不久，萨克森选侯区大力着手建立新的教会制度，开始普遍视察学校和教会。检查神甫的思想、确定信徒团体的状况，同时认真登记教会财产，并进行了大批僧侣的还俗，从而没收了教会大量财产。按照路德的设想，这些钱将用作神甫和教师的薪水；用于中小学校和大学的教育事业。所有的改革都是自上而下展开的，依靠诸侯来完成的，它与人民运动日益疏远。在改革过程中，凡是不想承认路德观点的，一律必须离开这个国家，在天主教占统治地位的萨

→宗教改革的杰出领袖 马丁·路德

← 路德教的传播

克萨，情况也是同样如此，在那个时代，许多人由于信仰而背井离乡。

改革使世俗诸侯的权力日益加强，现在，新教成为诸侯谋利的一个机构，君主是其首脑。

不久，黑森和其他领地以萨克森选侯国为榜样，也进行了类似的改革。

新教的力量不断壮大，这令天主教派十分恐慌。

1529 年，第二次施派尔帝国会议召开。在会上，查理五世改变了第一次会议上的态度，坚决要求执行沃尔姆斯敕令，取消一切改革，不准干预教会"财产和利息"。

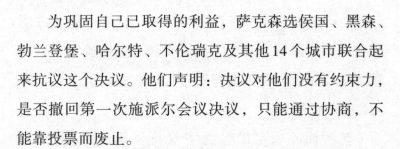

为巩固自己已取得的利益，萨克森选侯国、黑森、勃兰登堡、哈尔特、不伦瑞克及其他14个城市联合起来抗议这个决议。他们声明：决议对他们没有约束力，是否撤回第一次施派尔会议决议，只能通过协商，不能靠投票而废止。

自1529年在施派尔提出这次抗议后，路德派又以"抗议派"而著称。

查理五世并没有就此善罢甘休。1530年，在康布雷，查理五世通过姑母与弗兰茨一世的母亲的调停，与法国签订了和约，也和教皇达成谅解。在波洛尼亚的大教堂里，查理由克雷芝七世加冕为罗马皇帝。他宣誓，要当好教会的世俗保卫者，维护教皇和罗马教会的财产、荣誉和权利。

→路德教教堂

在不久举行的奥格斯堡会议上，皇帝与路德派诸侯再次就信仰问题发生争执。查理五世明确宣布，新教派必须屈服，否则他将履行自己加冕时的誓言，充当教会的保护人。

新教面临着危险。为了对抗罗马教会及皇帝，1530年12月22日，新教派各个诸侯国及城市在图林根的马卡尔登结成新的联盟。联盟决定：如果任何成员因没收教会财产、按帝国议会决议规定而被押送皇家最高法院的话，其他成员都应声援。两千名骑兵和1万名步兵将随时听从联盟支配。

路德在《就反对奥格斯堡帝国决议告诉帝国亲爱的德意志人》的文章中，发出号召"无论战争还是暴动，只要上帝的愤怒所到之处，我们都愉快地前往，

← 罗马天主教的中心教堂

←东正教教堂

不怕艰难险阻。"

　　1539年4月17日，莱比锡敲响了丧钟，萨克森的格奥尔格公爵与世长辞。随着他的亡故，在阿尔布雷希特的萨克森天主教的事业也寿终正寝，这位一生信仰天主教的公爵没有把他的事业进行到底，他的接替者、兄弟海因里希是路德教的崇拜者。就职那天，他邀请了维滕贝格大学教授代表团。圣灵降临节的前一天，路德在莱比锡教堂讲道，再也没有人会阻止信徒们去听他的布道。

　　不久，海因里希对阿尔布雷希特进行了全面的教会改革，于是罗马最坚固的堡垒之一变成了路德教派的基地。紧接着，在勃兰登堡、梅克伦堡、波尔拉尼亚、法尔茨等城市都实行了新教改革。新教的范围得

以进一步扩大。但其地位仍是不合法的。1546年，查理五世发动施马尔卡登战争，新教诸侯战败。1550年，皇帝颁布《血腥诏书》，严禁宣传宗教改革思想，违者男子杀头，女子活埋，财产没收。皇权的增长令诸侯大为不安，于是新旧诸侯于1551年联合起来，在法国国王的武力支持下，1552年打败查理五世的军队。诸侯与查理五世进行了谈判。1555年9月25日签订了《奥格斯堡宗教和约》。和约规定："诸侯在其领地内有权决定本人及其臣民宗教信仰之权利的"教随国定"原则。从此，路德教获得了合法地位。

路德教合法地位的确定，表明基督教再一次发生分裂。1504年基督教第一次分裂为西方罗马天主教和东方希腊正教，而宗教改革之后，却是三种形式的基

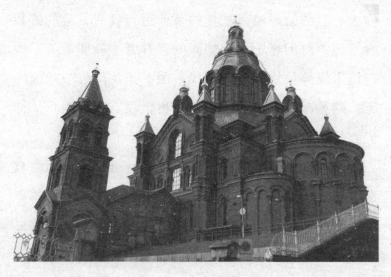

← 芬兰东正教教堂

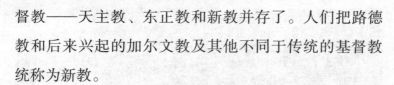

督教——天主教、东正教和新教并存了。人们把路德教和后来兴起的加尔文教及其他不同于传统的基督教统称为新教。

然而，当路德教的地位不断加强时，一生致力于宗教改革的路德却走到了他生命的终点。

1526年2月18日清晨，埃斯勒本上空响起了钟声，紧接着，维滕贝格、哈雷、莱比锡等城市的钟声也敲响了，人们被告知，路德死了！

1536年以后，路德的身体就开始不断生病。1542年，他在维滕贝格大学讲授《创世纪》时，头晕便经常使他停止工作。他在给阿姆斯多夫的信中描述了自己身体的状况，"我的健康状况变得很严重，使我不敢

→ 英国著名的新教教堂

←圣诞情景

出门。昨天我差点晕倒在地，我每天都在等待死亡的
到来。"

　　但他依然投身于他所热爱的事业中，他关心大学，
要学生严肃纪律。同时不断同罗马皇帝与罗马教廷作
斗争，1545 年他写了最后一篇文章《反对由魔鬼创立
的罗马教廷》。

　　1546 年 1 月 23 日，路德应邀回故乡埃斯勒本调解
一桩遗产纠纷。一路上，他觉得虚弱无力，1 月 29 日
到达埃斯勒本，立即开始调解，这期间他在家乡作了
四次讲道，尽管他已是一个老人，但他的谈话清晰，
姿态高雅，令人们非常感动。

　　然而病魔却无情地缠住了他，他再也坚持不住。2

月16日，他开始卧床不起，翌日依然不见好转，医生无能为力。陪伴他的尤斯图斯·约纳斯记述道："不久，博士的脸变得苍白，脚和鼻子也渐渐冰凉，他做了一次深深的微弱呼吸，接着静静地、耐心地舍弃了自己的精神。"

此时是夜里2点3刻，路德在他的出生地闭上了眼睛。他的夫人、孩子还在维滕贝格。

路德的灵柩在骑兵队伍的护送下运往维滕贝格，那是他的第二故乡。街道两侧人山人海，人们默默地站立，与这位伟大的斗士告别。

他被安葬在维滕贝格教堂。菲利普·梅兰希顿致悼词，他说："路德一手建设，一手持剑，这位处于病态时期的医生虽然十分暴躁，却有一颗非常善良、毫无虚假的心。"

路德死了，然而他的精神将依然飘荡在基督教世界的上空。他所进行的事业开创了人类历史上的一个新纪元。"路德不但扫清了教会这个奥吉亚斯的牛圈，而且也扫清了德国语言这个奥吉亚斯的牛圈，创造了现代德国散文，并且撰写了成为16世纪《马塞曲》的充满胜利信心的赞美诗的词和曲。"（恩格斯语）人们将把他的事业继续下去，而他的名字将永远被载入史册。

相关链接
XIANGGUAN LIANJIE

圣诞情节

据称，圣诞树最早出现在古罗马12月中旬的农神节，德国传教士尼古斯在公元8世纪用纵树供奉圣婴。随后，德国人把12月24日作为亚当和夏娃的节日，在家放上象征伊甸园的"乐园树"，上挂代表圣饼的小甜饼，象征赎罪；还点上蜡烛，象征基督。

到16世纪，宗教改革者马丁·路德，为求得一个满天星斗的圣诞之夜，设计出在家中布置一颗装着蜡烛的圣诞树。不过，西方关于圣诞树的来历流行着另一种说法：有个善良的农民，在圣诞节那天，热情地招待了一名流浪的孩子，临别时，孩子折下一树枝插在地上。

树枝立即长成大树，孩子指着这树对农民说，每年今日，树上都长满礼物，以报答你们的盛情。所以，今天人们所见的圣诞树上总是挂满了小礼物。